austern
huîtres
oysters

PETER FRESE

Austern

KULINARISCHE STRANDWANDERUNGEN

huîtres

oysters

HÄDECKE

BAIE DU MONT-SAINT-MICHEL

DIE BUCHT VON MONT-SAINT-MICHEL

INHALTSVERZEICHNIS

Vorwort — Seite 8 bis 11

Frankreich — Seite 13 bis 55

Deutschland — Seite 57 bis 65

Irland — Seite 67 bis 86

England — Seite 87 bis 91

Japan — Seite 93 bis 98

Amerika — Seite 99 bis 103

INHALTSVERZEICHNIS

Über die Auster Seite 105 bis 145

Die Auster historisch (Seite 106)
Die Schale – der Mantel einer Diva (Seite 110)
Gesundheit aus der Silberschale (Seite 113)
Steckbrief (Seite 114)
Die Auster kulinarisch (Seite 118)
Das Öffnen der Auster (Seite 124)
Austernwerkzeuge (Seite 126)
Essen und Trinken (Seite 128)
Austernsorten (Seite 132)
Austerngrößen im Vergleich (Seite 140)
Austernzucht (Seite 142)

Rezepte Seite 147 bis 206

Einleitung (Seite 148)
Die jungen Restaurateure (Seite 150)
Die Rezepte (Seite 152)
Nachwort von Henri François-Poncet (Seite 206)

Anhang Seite 207 bis 223

Glossar und Warenkunde (Seite 208)
Küchentips (Seite 214)
Rezeptregister (Seite 217)
Register (Seite 219)
Impressum (Seite 223)
Danksagung (Seite 224)

Die Auster – eine Hommage an die menschlichen Sinne

Die erste Begegnung, die ich mit der Primadonna des Meeres hatte, war der Beginn einer großen Leidenschaft. Schon bei meinen ersten, nicht ungeschickten, aber doch noch sehr unbedarften Schlürfversuchen erinnerte ich mich an den Satz eines Freundes: „Austern sind eine Hommage an die menschlichen Sinne".

Von der erotischen Bedeutung der Auster erfuhr ich allerdings erst später. Seitdem beobachte ich austernschlürfende Männer mit Argusaugen. Angeber oder Genießer? Denn kein anderes Meerestier hat solch einen Bezug zur Erotik wie die Auster. Das kann gewiß nicht allein daran liegen, daß speziell die Muschel als Symbol der Weiblichkeit gilt. Andererseits kenne ich niemanden, der ein Hummerschwänzchen auch nur einen Hauch erotisch findet.

Aber nicht nur das traditionelle Kokettieren mit der Tatsache, daß Austern seit Jahrhunderten als Aphrodisiakum gelten, macht diese Schalentiere so interessant.

VORWORT

Austern haben einen außerordentlich hohen Nährwert, kaum Kalorien, gelten als Vitaminbomben und stärken das Immunsystem. Kein anderes Nahrungsmittel enthält so viel Zink, was zum Beispiel auch gegen Erkältungen schützt.

Auf jeden Fall löst die Auster bei Menschen ein wunderbares Zusammenspiel zwischen Physe und Psyche aus. Die Auster schmeckt nach Urlaub und Freizeit, nach Meer und ziehenden Wolken, nach Sonne auf der Haut. In regnerischen Zeiten flüchte ich gern ins Restaurant, um mir all diese Träume auf einer Silberschale servieren zu lassen und den Alltag zu vergessen.

Eben weil diese Delikatesse aus dem Meer zur Lebenskunst sublimiert wurde, habe ich mich von dem Gedanken faszinieren lassen, mich auf die Spur der transzendenten Mystik der Auster zu begeben.

Auf meinen Reisen begegnete ich Austernfischern, deren Gesichter erst so verschlossen waren, wie man es der „Perle des Meeres" nachsagt. Es ist harte Arbeit, der diese Männer täglich nachgehen, immer den Launen der Natur ausgeliefert, um aus stecknadelgroßen Setzlingen fette Austern zu züchten. Aber im Gespräch über ihre Arbeit hellten sich ihre wettergegerbten Gesichter auf, und ich bekam Zugang zu ihren Seelen. Plötzlich lagen sie wie ein offenes Buch vor meiner Feder – und genau dieses Erlebnis möchte ich auch Ihnen mit dieser Lese-, Reise-, Kochlektüre gönnen.

Begleiten Sie mich auf meiner Strandwanderung. Lesen Sie über Land, Meer und Menschen, über den harten Konkurrenzkampf der Austernfischer, über die Aufzucht dieser einzigartigen Schalentiere.

Es ist ein weiter und mühsamer Weg, den die Austern zurücklegen müssen, um Ihnen den unvergleichlichen Genuß zu bereiten. Immerhin vergehen, bis aus einem Austersetzling mit 20 Gramm Lebendgewicht eine mittelschwere Auster von cirka 80 Gramm wird, mindestens zwei bis drei Jahre. Und sicher werden Sie genau wie ich darüber erstaunt sein, daß nicht Frankreich der Austernproduzent Nummer eins ist, sondern sich hinter den USA und Japan erst mit dem dritten Rang zufriedengeben muß.

Lassen Sie sich doch einfach, wenn Sie wieder mal genußvoll Austern schlürfen, von meinem Gedanken verführen:

„Es ist, als ob dich das Meer sanft küßt und dann seine Wellen über deine Zunge schlagen läßt."

frankreich

f r a n c e
f r a n c e

„*Der Duft des Savoir-vivre*"

FRANKREICH

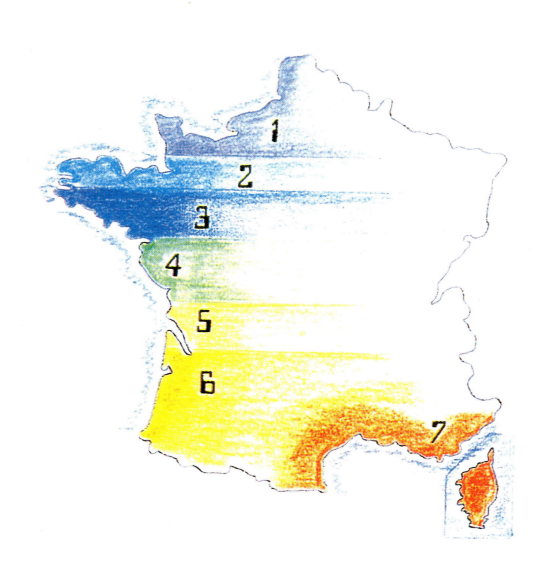

1. Normandie – Mer du Nord
2. Bretagne du Nord
3. Bretagne du Sud
4. Ile de Ré et Centre-Ouest
5. Marennes – Oléron
6. Arcachon – Aquitaine
7. Méditerranée

FRANKREICH

Ihr Arbeitstag verläuft im Sechs-Stunden-Rhythmus, denn nur die Ebbe gibt den Arbeitsplatz der Austernfischer frei. Deshalb müssen die Männer bei jedem Wetter raus zu den Austernbänken, um dort die kostbaren Schalentiere zu betreuen, sie beispielsweise zum Licht zu wenden oder von Algen zu säubern. Es ist ein knochenharter Job, ohne jegliche Romantik. Darüber täuscht auch das traumhafte Schauspiel nicht hinweg, wenn im Glanz der aufgehenden Sonne die Austern immer wieder wie geheimnisvolle Diamanten des Meeres funkeln. Die Männer fluchen oft bei der Arbeit, bei der sie sich häufig, trotz der dicken Gummihandschuhe, die Finger an den scharfen Kanten der Schalen verletzen. Aber niemals habe ich bei meiner Reise entlang der französischen Atlantikküste einen Fischer erlebt, der ohne Leidenschaft über die Auster sprach.

„Die Auster ist eine Dame, und wie eine solche will sie auch behandelt werden", weiß Jaques Joquet aus Erfahrung. Er gilt als Saveur des Huîtres und ist ein international angesehener Austernkenner.

Elegant überhört er meinen Einwand, daß Frankreich sich zwar gerne mit dem Prädikat „Führender Austernproduzent" schmückt, dieses ihm aber eigentlich nur für Europa zusteht. Denn weltweit gesehen muß sich Frankreich – nach den USA und Japan – mit dem dritten Platz zufriedengeben.

Aber wen stört das schon, wenn man durch das Austern-Schlaraffenland reist, den Duft des Meeres einatmet und das Savoir-vivre kennenlernt, das sich fest in den Herzen der Menschen am Meer verankert hat.

Monsieur Joquet wird mich auf meiner Frankreichreise begleiten und die regionalen Unterschiede erklären: „Hier, in der Normandie, ist die Wasserqualität einmalig und deshalb bringt diese Gegend Austern unvergleichlichen Geschmacks hervor." Jaques Joquet weiß, wovon er spricht. Ist er doch dafür bekannt, daß er, wie ein Weinkenner das Anbaugebiet erkennt, schon am

FRANKREICH

Geschmack der Auster feststellen kann, in welchem Wasser sie gelegen hat.

Auf der 800 Kilometer langen, fast gradlinigen Normannischen Küste sind 200 Hektar Austernbänke verteilt, die auf dem leicht geneigten Meeresgrund der Strandbäder mit verlockenden Namen angesiedelt sind. Hier herrschen die besten Voraussetzungen für die Züchtung und Veredelung mit Aufstockungen (en surélévation). Diese Küste gilt als traditioneller Austernlieferant für

FRANKREICH

Paris, und wer in der französischen Hauptstadt Austern schlürft, weiß nun auch, aus welcher Gegend sie vermutlich stammen. Reichlich vorhandener und vielfältiger Plankton im bewegten Wasser macht die Austern der Normandie geschmacklich einzigartig.

Die Domänen der Normandie-Gewächse: Die Bucht von Veys, Port-Bail, Pirou, Blanville-sur-Mer, Agon-Coutainville und Granville. Land und Meer bieten der Normandie und der Bretagne reichliche Genüsse – von

Marktstand mit den geschmackvollen Cancale Austern

FRANKREICH

Austern, Hummern, bis zu Artischocken und Blumenkohl: „Wer die Bretagne liebt, liebt von ganzem Herzen Austern." Mit diesen Worten bietet uns eine junge Marktfrau aus dem Hafenstädtchen Cancale eine Handvoll Austern an. Täglich ist hier Markttag, an dem die Schätze des Meeres wie selbstverständlich angeboten werden. Man muß es erlebt haben wie Kinder, Greise, Touristen, Einheimische an den Marktständen vorbei schlendern und en passant Austern schlürfen. Einfach und so selbstverständlich, wie unsereins mal schnell an der Würstchenbude ein Paar Wiener Würstchen verdrückt, wobei dieses auf jeden Fall teurer ist, als es hier drei Austern sind. Die Gnade der Nähe zum Paradies...

Bei gutem Wetter gibt der Himmel von hier den Blick auf das Kloster Mont-Saint-Michel frei. Wie ein Märchenschloß aus dem Bilderbuch thront das Kloster auf einem Felsen und ragt stolz aus dem Meer heraus. Stummer Zeitzeuge, ungefragt, aber nicht ahnungslos. Denn von diesem alten Hafenstädtchen wanderten Tausende von Menschen nach Amerika aus.

Austernparks in Cancale in der Bucht von Mont-Saint-Michel

Besichtigung der Parks mit Pferd und Wagen

FRANKREICH

Stellen Sie sich bitte diesen Augenblick vor und schließen Sie dabei die Augen: Sie stehen an einem wunderschönen Sommertag an einer Austernbude auf der Hafenpromenade von Cancale, von einem Teller lachen sie freundlich sechs Austern an, die nur darauf warten, von Ihnen geschlürft zu werden. Dazu bestellen Sie ein Glas trockenen Weißwein. Leben und genießen – was kann Ihnen an so einem Tag noch Böses widerfahren?

Entlang des 600 Kilometer langen Küstenstreifens, wo der Wind oft so heftig bläst, daß es einem den Atem verschlägt, offenbart die Bretagne ihre Mannigfaltigkeit. Vom Mont-Saint-Michel bis zur Loire Mündung zeigt sie die Vielfalt von felsigen Windungen über Flachhängen. Ihre kontrastreichen, vom Wasser gekennzeichneten Küsten bilden den richtigen Kulturboden für Austern nach ihrem Vorbild. Die bretonischen Austernzüchter haben sich auf die Zucht in tiefen Gewässern spezialisiert, wo sich die flachen Austern, zum Beispiel die berühmten Belon, am wohlsten fühlen.

Unterwegs mit dem Auto in den Südteil der Bretagne, begleiten uns die wunderschönen Hortensien, die fast an

Marktreife Creuses de Cancale im Reservebecken

FRANKREICH

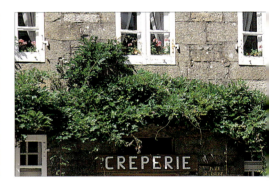

FRANKREICH

FRANKREICH

Austernvertrieb im Château de Belon

Becken mit Belons

jedem Haus, in jedem Garten zu sehen sind. Sie ist der Bretonen liebste Blume – in weiß, rosa und blau. Als Farbkontrast sind die Fensterläden mal blau, mal grün gestrichen, und akkurat werden die Blumentöpfe von selbstgehäkelten Vorhängen umrahmt.

Jacques Joquet: „Die Südbretagne gilt als Wiege der flachen Auster. Denn durch die vielen Halbinseln und kleinen Flüsse gedeiht hier ausreichend Plankton, das

Traditionelle Verpackung der Belons *Austernverkauf im Château de Belon*

Die Belon

sich ideal zum Veredeln eignet." Ich freue mich richtig, als ich das Ortsschild „Belon" entdecke. Allein bei diesem Namen geraten Austern-Gourmets in kulinarische Ekstase.

Wegen des weichen Bodens muß die Auster in dieser Gegend auf spezielle Art montiert werden. Eine lokale Spezialität der Aufzucht: Der Strauß (le bouquet). Hier werden römische Ziegel in Packen von je zehn bis zwölf

FRANKREICH

Römische Ziegel mit Austernsetzlingen

auf Pflöcke montiert und mit Eisendraht befestigt. Der Strauß wird dann in Kalkmilch getaucht und anschließend getrocknet. Diese Schutzschicht macht die Ernte einfacher. Die Sträuße werden in der Nähe der Zuchtbänke (bancs reproducteurs) aufgestellt und später per Schiff aus dem Wasser geerntet. Nach acht bis zehn Monaten legt man die jungen Austern in Zuchtbänken auf den Boden, der regelmäßig gereinigt, geebnet und mit Sand oder Splitt aufgeschüttet wird.

Über 50 Jahre lang hat Monsieur Goupy im Freien gearbeitet, immer hautnah am Meer. Jetzt ist er Austern-

FRANKREICH

fischer im Ruhestand und kann's nicht lassen. Oft fährt er in einem Boot und mit einem Baguette in der Hand mit hinaus zu den Austernbänken und „nascht" Austern frisch aus dem Meer. An anderen Tagen beobachtet Monsieur Goupy vom Wohnzimmerfenster seines Hauses auf der Privatinsel Boédic im Golf von Morbihan aus die Arbeiten auf seinen ehemaligen Austernbänken.

Stolz erzählt Monsieur Goupy: „Unsere Züchter leisten hervorragende Arbeit und liefern ihre halbwüchsigen Austern auch an andere Zentren, zum Beispiel rund um La Rochelle." Dort werden die demi élève erwachsen.

FRANKREICH

FRANKREICH

Austernpark im Golf von Morbihan

Auf der Ile de Ré und im Centre Ouest werden tiefe „Pazifische Felsenaustern" (Huîtres creuses du Pacific oder Crassostrea gigas) und die tiefe „Portugiesische Auster" (Huître creuse oder Crassostrea angulata) gezüchtet.

An der 250 Kilometer langen Küste befinden sich drei große Austernzuchtgebiete: Die Bucht von Bourgneuf an

FRANKREICH

Auf Eisengestelle montierte Plastikrohre (collecteurs), an denen halbwüchsige Austern haften

Austernernte direkt vom Meeresboden

der Loire-Mündung, die Bucht von l'Aiguillon an der Mündung der Sèvre Niortaise und die gesamte Küste zwischen La Rochelle und Fouras, die durch die Insel Oléron geschützt ist. Hier findet die tiefe Auster ein spezielles Plankton. Dieses entsteht durch die Strömung der Flüsse und die starken Gezeiten, die das Wasser in

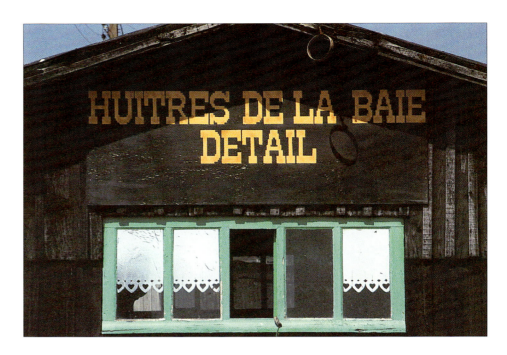

ständiger Bewegung halten. Als klassisches Veredelungszentrum gilt Bourgneuf, wo die Variationen des Salzgehaltes ideal sind. Hier wurden die Austernparks 1947 errichtet. Erstmals wurden die Zuchtbänke höher angelegt, um dem Wind zu trotzen, dessen Launen die Bucht extrem ausgesetzt ist. Die Jahresproduktion wird hier mit 12 000 Tonnen Austern angegeben. Vier Kommissionen überprüfen die Qualität des Wassers, des Sumpfgebietes, die Nutzung und die Ausbeutung des Meeres, sowie die integrierte Bewirtschaftung der Küste. 80 Prozent der Züchter verkaufen direkt, also ohne Zwischenhandel.

„Morgen bringe ich dich in eine Gegend, wo man fast ausschließlich über Austern spricht und denkt und fast alle Menschen im Rhythmus der Jahreszeiten der Austernzucht leben", verspricht mir mein Begleiter Jacques Joquet, und zwölf Stunden später wußte ich, daß er kein Quentchen übertrieben hatte.

In Marennes-Oléron, zwischen der Charente und der Girondemündung, lebt man seit Jahrzehnten von der Austernzucht, und hier entstanden auch die meisten Begriffe des Austern-Vokabulars. Die klimatischen Bedingungen sind einzigartig. In dieser Zweigstelle des Paradieses wird

FRANKREICH

nichts dem Zufall überlassen. 15 000 Personen sind als Gärtner des Meeres in der Austernzucht beschäftigt.

An den Küsten der Charente, wenn die Meerestemperatur über 18°C steigt, findet jeden Sommer die Legezeit statt. Jede Auster hat ein bis zwei Millionen Eier, die sich in Larven verwandeln. Sie haben aber keine Befestigungstützen, die es ihnen ermöglichen, in Ruhe groß zu werden. Die Aufgabe des Austernzüchters ist es, im günstigsten Moment diesen herumirrenden Larven einen Halt zu geben. Dazu werden Brutsammler (collecteurs) verwendet, die – je nach Zuchtregion – entweder gekalkte Dachziegel, Metallrohre oder Eisenstangen, Holzgestelle, Plastikstäbe oder auf Drähte aufgereihte leere Schalen von Jakobsmuscheln sind.

Unentbehrlich: die Handschuhe beim Arbeiten mit Austern

Einer der vielen kleinen Familienbetriebe in der Region Bourgneuf. Mutter und Sohn beim Reinigen von Austern.

Gekalkte Dachziegel mit jungen Austern

Plastikrohre, sogenannte „collecteurs", an denen sich die Austern festsetzen

Entfernen der Austern von den „tubes"

An diesen „collecteurs", können sich die Larven mit ihren Füßchen festsetzen, die mit speziellen Klebedrüsen versehen sind. Durch Vorstülpen ihres Mantelrandes kitten sie sich dann richtig fest.

Was so einfach klingt, ist mühsame und harte Kleinarbeit. Viele kleine Betriebe – und es sind vorwiegend traditionelle Familienbetriebe – werden von den staatlichen Forschungsstellen unterstützt. Monsieur Joquet: „Die Temperatur des Wassers wird exakt gemessen. Der Säuregehalt, die Sauerstoffmenge usw., damit den Züchtern kein Fehler passiert. Werden die Brutsammler zum Beispiel zu früh aufgestellt, werden sie von Schlick und Schlamm überdeckt, und die Larven können sich nicht festsetzen. Werden sie aber ein paar Tage zu spät aufgestellt, können sich die Larven schon woanders ihr Plätzchen gesucht haben."

Cirka 19 Monate nach dem Auffangen trennen die Austernzüchter die jungen, fingernagelgroßen Austern von ihrem Sammler (collecteur). Dazu werden sie mit diesem auf ein einfaches Boot geschafft und in kleine Hallen transportiert. Sehr vorsichtig werden die Jungaustern nun von ihren Unterlagen abgenommen.

Jetzt brauchen die jungen Austern Platz, weil ihre Schale noch zart und zerbrechlich ist. Deshalb bringt man sie in einen Park für „Halbwüchsige", wo sie acht bis zwölf Monate parken und nichts anderes zu tun haben, als zu wachsen und zu gedeihen.

Dann werden die Jungaustern nochmals in Maschenhauben (poches) umgepackt und wieder in neue Austernparks gebracht, die in der Gezeitenzone liegen. Von weitem kann man die Parzellen erkennen, weil die Stangeneinzäunungen weit aus dem Wasser hervorragen. Hier parken die Austern dann noch etwa zwei bis drei Jahre.

Jacques Joquets: „Bei uns liegen die Austern höher, das macht ihre Qualität aus. Sie werden nicht auf dem Meeresboden ausgelegt, sondern auf Metalltischen, etwa sechzig Zentimeter über dem Meeresboden."

FRANKREICH

Austernsetzlinge an Jakobsmuschelschalen, ca. 8 Wochen alt

Austernsetzlinge, ca.19 Monate alt

Die intensive Betreuung geht weiter. Austernzüchter drehen und trennen die „poches" in regelmäßigen Abständen. Damit die Austern immer dem Licht zugewandt sind und nicht durch die „poche"-Maschen wachsen. Außerdem werden sie so von Schmarotzern wie Algen befreit. Dieses Verfahren nennt man „Schlagen" und ist knochenharte Arbeit, die die Hände der Arbeiter arg strapaziert.

Ausbringen der „poches" in die Austernbänke

Wenden der „poches" zum Licht,

Nach ihrer Reifezeit hat die Auster nun ihre stolze Marktgröße erreicht. Austern, die sofort aus den Parks auf den Markt gebracht werden, sind billiger und heißen „Huîtres de parc" (Parkaustern). Aber der Großteil der Austern darf in den Veredelungparks weiterwachsen, damit ihr Geschmack verfeinert wird.

Jacques Joquet: „In 300 bis 500 Quadratmeter großen Becken, die in wasserundurchlässige Mergelböden ausgegraben wurden und in denen sich die berühmte blaue „navicula ostrea", eine mikroskopisch kleine Alge auf natürliche Weise entwickelt und den Austern dieser Gegend ihre unnachahmliche grüne Farbe verleiht. Diese Sorten gibt es nur im Marennes-Oléron-Gebiet."

Nach einem Monat dürfen sich die Austern als „Fines de Claires" oder „Label Rouge" fühlen, nach zwei Monaten als „Spéciales de Claires".

Der kleine Unterschied: Bei den „Fines de Claires" werden 30 Stück pro Quadratmeter Meerwasser ausgelegt, bei den feineren Schwestern „Spéciales de Claires" nur fünf Stück pro Quadratmeter Meeresboden.

Die „Claires", die ehemaligen Salzgärten, liegen am Rand der Küsten der Charente und die wasserundurch-

FRANKREICH

schlagen,   *prüfen und*   *festzurren der „poches".*

lässigen Böden wurden noch etwas tiefer, auf cirka 50 Zentimeter, ausgegraben. Der Ozean dringt darin periodisch ein und seine Strömungen bringen reichhaltiges Nahrungsangebot mit sich – Plankton und Kleinstalgen. Darunter die schon erwähnte navicula ostrea (Blaue Navicula), die der Auster die Grünfärbung, eben die Spezialität dieser Gegend verleiht.

Die „Fines de Claires" haben einen feineren Geschmack als die Parkaustern. Die „Spéciales de Claires", die Königinnen unter den Austern, schmecken besonders edel und besitzen eine ebenmäßige Schale. Fünf Austern können sich auf einem Quadratmeter in aller Ruhe entfalten und sich an den Algen verlustieren.

Nach der Zuchtphase werden die Austern in Hallen gewaschen, sortiert und verpackt. Jacques Joquets: „Unsere Betriebe stehen unter der Aufsicht des Institut Scientifique et Technique de Pêche Maritime, das uns nach jeder Kontrolle Etiketten ausstellt und dadurch den tadellosen gesundheitlichen Zustand unserer Austern dokumentiert."

Größere Firmen, die Austern exportieren, müssen vor dem Verpacken noch eine Prozedur vornehmen lassen,

FRANKREICH

Die grüne „Marennes" und ihre Verwandte von der Ile de Ré

um Bakterien abzutöten. Die Austern werden in Behälter gepackt und mechanisch in Becken eingetaucht, die mit reinem, gefiltertem Meerwasser gefüllt sind. So werden die Austern von den minimal vorhandenen Verunreinigungen, zum Beispiel Sandkörnern, befreit und sind dann bakterienfrei. Diese Becken nennt man „dégorgeoirs". Sie werden geleert, um den Naturzustand der Ebbe vorzutäuschen. Während dieser „Trockenzeit"

FRANKREICH

Ernte aus den „Claires"

trainiert die Auster ihre Fähigkeit, die Schalen mit dem darin gespeicherten Wasser fest verschlossen zu halten. Das ist beim späteren Transport zum Kunden besonders wichtig.

Gewaschen werden sie nun der Größe zugeordnet. Die französischen Normen sind sehr streng und gestatten nur, daß jedes Austernpaket höchstens zehn Prozent über oder unter der Norm liegen darf.

„Claires" im Becken

Waschtrommel

Waschanlage

Sortiermaschine

Die französische Kategorie für die Portugiesische und die Pazifische Auster:

1. Variante:

Bezeichnung:	Gewicht in Gramm:
TG (Très Grand) SG (Sehr groß)	100 g und mehr
G (Grand) G (Groß)	75 g (einschl.) bis 100 g (ausschl.)
M (Moyen) M (Mittel)	50 g (einschl.) bis 75 g (ausschl.)
P (Petit) K (Klein)	unter 50 g

2. Variante:

Grand	groß, Fines de Claires 86 g, Spéciales 93 g
Moyen	mittel, Fines de Claires 65 g, Spéciales 70 g
Petit	klein, Fines de Claires 43 g, Spéciales 47 g

3. Variante (die traditionelle Klassifikation):

Nr. 0	100 (ca. 150 g)
Nr. 1	120 (ca. 125 g)
Nr. 2	150 (ca. 100 g)
Nr. 3	200 (ca. 75 g)
Nr. 4	250 (ca. 60 g)
Nr. 5	300 (ca. 50 g)

Ist dieser Sortierungsprozeß beendet, so hat es der Austernzüchter wieder einmal geschafft – die Auster kann angeboten werden.

Bevor die Austern auf einem Förderband in das Innere der Fabrik gelangen, müssen sie nochmals durch eine kalte Dusche. Fleißige Frauenhände legen sie sorgfältig, aber blitzschnell, in kleine Lattenkisten.

Nach der Endkontrolle, wo nochmals das Gewicht geprüft wird, werden sie mit einem Metallband zusammengebunden. Jede Kiste wird mit drei Etiketten versehen:

1. Name des Empfängers
2. Bezeichnung des Erzeugnisses
3. Sanitätsnummer des Betriebes und Datum der Aufmachung

Mit isothermen Lastkraftwagen und Zollpapieren werden die Austern auf ihre Reise geschickt.

Jacques: „Ich empfehle die Austern bei einer Temperatur zwischen fünf und 15 Grad aufzubewahren. Öffnen Sie sie zu Hause erst im letzten Moment und stellen Sie sie auf eine Schicht zerstoßenes Eis und eine Lage Algen, die eine Unterkühlung verhindern sollen."

Und wie genießt der Saveur des huîtres seine Lieblinge am liebsten?

„Natürlich pur – mit einem Glas trockenen Weißwein", antwortet Jacques prompt. Er gesteht allerdings, daß ihm der Koch in seinem Lieblingsbistro am Hafen von La Rochelle auch ab und zu ein köstliches Austerngericht vorsetzt – zum Beispiel die überbackenen Austern (mit geriebenem Brot und Sahne).

Außerdem erzählt mir Jacques, wie schwer es kleine Austernzüchter heute haben. Meistens muß die ganze Familie mithelfen, um den Betrieb aufrecht zu erhalten. Kleine Firmen liefern kaum ins Ausland. In Bourgneuf zum Beispiel werden nur drei Prozent der Austern exportiert, 97 Prozent bleiben in Frankreich. Davon

Frischhaltebecken für den Verkauf

gehen cirka 40 Prozent an Großküchen, etwa 30 Prozent gelangen zum Verkauf in der gesamten Bretagne. Die Austernzucht macht hier 60 Prozent der gesamten Volkswirtschaft aus. Ein großer Züchter erntet im Schnitt vier bis sechs Tonnen Austern pro Tag.

Als sich ein Freund von Monsièure Joquet, Monsièur Michel zu uns setzt, erzählen mir beide von Arcachon und schwärmen von dieser Gegend. „Wenn man mit einem Sportflugzeug unterwegs ist, kann man die Eigenwilligkeit der Natur am besten erkennen und von oben sehen, wie sich ein 15 000 Hektar großer Binnensee voll in das Land drängt. Unzählige junge Pinien-Stämme, die dicht an dicht entlang der Fahrrinne eingepflanzt wurden, erfüllen die Funktion von Hecken, brechen die Strömung und halten große Fische und andere Feinde fern."

Seit über 100 Jahren wird in Arcachon immer noch auf dieselbe Art und Weise geerntet: mit Kastengestellen, in denen gekalkte, Römische Ziegel aufgeschichtet sind. Sie werden „Bienenkörbe" genannt und im Sommer 20 Zentimeter über dem Meeresboden aufgestellt. Als gleichschenkliges Dreieck erstreckt sich die Bucht von Arcachon auf 89 Kilometern. Durch den Ausschlag der Tiden, die das Ufer überziehen, entsteht eine Art Binnenmeer, das die Erzeugung von jungen Austern in „ruches" ebenso begünstigt, wie deren Zucht. Die Arcachon Austern werden in Parks oder auf Tischen gemästet und veredelt. Auf diese Weise erreichen sie die Festigkeit, die ihren unvergleichlichen Charme ausmacht.

Jacques: „Die Austern werden von einer mit Pinien gesäumten See beflutet, was weit über das Meer zu sehen ist. Die Farben dieser Schaltiere changieren hier zwischen hellgrün und perlgrau. Die flache Gravette und die tiefe Arcachon-Auster strömen ihre Aromen aus und bieten Feinschmeckern bestes Fleisch."

Jacques lacht über meine Bemerkung, daß viele Deutsche zaudern, wenn sie hören, daß die Auster noch lebt, wenn sie von ihnen geschlürft wird. Jacques: „Kein

FRANKREICH

Franzose käme auf die Idee, sich nicht über eine Delikatesse zu freuen, die frisch aus dem Meer kommt."

Monsièur Michel mit Halbglatze und von der Sonne völlig ausgebleichten Augenbrauen, Austernfischer der fünften Generation, weist sachlich darauf hin:

„Schließlich ist sie eines der am meisten benachteiligten Schaltiere in der Natur, sie hat keinen Kopf, keine Seh- und Riechorgane, kein Gehör. Ihre einzige Freude ist der Muskel, mit dem sie ihre Schale öffnet und schließt. Ihre einzige Beschäftigung ist Schlafen, ihr einziges Vergnügen das Essen. Da sie sich selbst nicht auf Nahrungssuche begeben kann, kommt die Nahrung zu ihr oder wird mit der Wasserbewegung gebracht. Wir Züchter bieten ihr beides und so gesehen den Himmel im Wasser. Hand aufs Herz, wieviele Nahrungsmittel bieten den Menschen soviel Gesundheit und Freude in einem?

Austerngenuß ist eine Philosophie..."

Voilà, Monsieur Michel, ich habe begriffen. Beide Männer geraten bei der Erzählung ins Schwärmen, daß es im Süden Frankreichs Dörfer gibt mit Namen, die singen, und sie wiederholen sie immer wieder wie in einem Lied: Marseillan, Mèze, Bouzigues… In dem Mittelmeer-Becken „Bassin de Thau" wächst die „Bouzigue" zu einer seltenen Delikatesse heran. Diese flache Auster besitzt eine Schale von außergewöhnlicher Reinheit und ein perlmuttartiges Fleisch, das mich durch seinen kräftigen Geschmack überraschte (und beeindruckte). Ihren Werdegang erklärt Jacques: „Sie unterscheidet sich bereits im Jugendalter von ihren Verwandten, denn der schwache Tidenausschlag im Mittelmeer prägt ihre Zucht, deren Besonderheit in der Aufhängemethode liegt: an Leinen oder filières."

Die Zuchttische prägen das Bild dieser Landschaft. Sie sind 10 mal 50 Meter groß, bestehen aus zusammengebundenen Stangen und Planken, an denen Fäden befestigt sind. An deren Ende hängen Netze, Holzstäbe und Eisenstangen, die für die Austernzucht nötige Wasserbewegung liefern die Winde: Der Mistral und der Tramontane (Nordwind). Denn hier hat das Meer kaum Gezeiten. Aber ohne Wasserbewegung gibt es kein Plankton und ohne Plankton gibt es keine Austern. Die jungen Austern werden einzeln mit schnell festigendem Zement auf Mangroven-Stämme geklebt.

Am letzten Tag meiner Reise durchs Austernparadies, führt mich Jacques Joquet ganz fein aus. Wir sitzen im Hafen von La Rochelle und lassen uns eine riesige Austernplatte auftischen. Die ganze Pracht des Meeres liegt vor uns, und ich genieße nochmals meine Favoriten: die Belons mit ihrem nußartigen und die Fines de Claires mit ihrem besonders feinen Aroma.

Ich bin ein bißchen wehmütig, als meine traumhafte Reise durch das Austern-Eldorado dem Ende zu geht, die mich dem Geheimnis des Meeres näher brachte, und weiß doch, daß es kein richtiger Abschied ist. Denn

FRANKREICH

überall dort, wo es Austern aus Frankreich gibt, werde ich immer wieder an diese Reise erinnert. An das Land und den Himmel. An das freundliche Lachen der Marktverkäuferinnen und an die unermüdlichen Austernfischer. An die Melodie des Meeres und an den Geschmack von Savoir-vivre, den man wirklich nur in Frankreich in solcher Fülle genießen kann.

FRANKREICH

FRANKREICH

Entwicklungsschema der Austern

1. Jahr
14. Juli-10. August: Einsetzen der Kollektoren und Gewinnung der jungen Austern.

2. Jahr
Entwicklung der Austern auf den Kollektoren, die geteilt, teilweise leergeräumt, gesäubert und wieder eingesetzt werden. Die Austern werden vor natürlichen Feinden geschützt.

3. Jahr
Januar-Juli: Die Kollektoren kommen in die Arbeitshalle. Die Austern werden getrennt, nach zwei Größen sortiert und flach auf den Boden der Parks oder in spezielle Behälter gelegt.

4. Jahr
September: Die Austern kommen wieder in die Arbeitshalle zurück. Sie werden gewaschen, nach Größen sortiert, wieder in die Behälter und zur Veredelung in die Teiche (Claires) gelegt.
Dezember: Herausnahme der Austern und Verschickung. 70 Prozent der Produktion werden im Dezember und im Januar verzehrt.

Austern-Auflauf (Huîtres soufflées)

Zutaten:

(für 2 Personen)

24 Austern
2 Eiweiß
100 g Sahne
100 g Fischfarce
30 g Butter
30 g Semmelbrösel (Mie de Pain)

Zubereitung

Die Austern öffnen, säubern und aus den Schalen lösen. Das Austernwasser passieren. Vier besonders schöne Austern auswählen, parieren und in dem Austernwasser pochieren.

Die restlichen Austern mit dem Eiweiß in einem Mörser auf Eis zerstoßen und durch ein Sieb passieren. Dieses Püree mit der Sahne und der Fischfarce verrühren. Den Backofen auf 180°C vorheizen.

Zwei Auflaufförmchen mit der Butter ausstreichen. Den Boden jeder Form mit Austernfarce bedecken. Jeweils zwei der beiseite gelegten Austern darauflegen, die restliche Farce darüberstreichen. Den Auflauf im Backofen etwa 12 Minuten garen.

FRANKREICH

Fritierte Austern Villeroi (Huîtres à la Villeroi)

Zubereitung

Die Austern öffnen, säubern und aus der Schale lösen. Das Austernwasser passieren. Die Austern parieren und in dem Austernwasser pochieren. Die Austern herausnehmen und trockentupfen. Die Gelatine einweichen und die Fischsauce erwärmen. Die Gelatine ausdrücken und in der warmen Sauce auflösen. Wenn die Sauce dick ist, die Austern durch diese Creme ziehen und dann in dem Mehl, dem Eigelb und den Semmelbröseln wenden.

Das Öl in einer Friteuse auf 160°C erhitzen und die Austern darin goldbraun fritieren. Gut abtropfen lassen. Die Petersilie ebenfalls fritieren und die Austern damit garnieren.

Zutaten:

(für 2 Personen)

12 Austern à 200 g
300 ml Fischsauce
4 Blatt Gelatine
2 EL Mehl
2 verquirlte Eigelb
100 g Semmelbrösel
¾ l raffiniertes Pflanzenöl
100 g krause Petersilie

Austern in Meerwassergelee (Huîtres en gelée)

Zutaten:

(für 2 Personen)

12 Austern (Portugaise)
4 – 6 Blatt weiße Gelatine
100 ml trockener Weißwein
150 g Crème fraîche
80 g Brunnenkresse
Salz, Pfeffer

Zubereitung

Die Austern öffnen, säubern und aus den Schalen lösen. Das Austernwasser passieren. Die Austern abtropfen lassen und kaltstellen. Die Gelatine einweichen. Das Austernwasser mit der Hälfte des Weißweins vermischen und leicht erwärmen. Die Gelatine ausdrücken und darin auflösen. Den restlichen Weißwein und die Crème fraîche unterrühren. Mit Salz und Pfeffer abschmecken und kaltstellen.

Das Gelee mit den Austern in kleinen Förmchen oder in gereinigten, tiefen Austernschalen anrichten und mit der Brunnenkresse garnieren.

FRANKREICH

Überbackene Austern mit Nordseegarnelen

Zubereitung

Die Austern öffnen, säubern, aus den Schalen lösen und beiseite stellen. Den Weißwein, den Fischfond und die Sahne mischen und aufkochen lassen. Die Flüssigkeit leicht reduzieren und mit der beurre manié binden. Den Backofen auf 250°C vorheizen und den Topf von der Kochstelle nehmen. Die Sauce mit dem Eigelb legieren und die geschlagene Sahne unterziehen.

Den Sellerie, den Lauch, die Champignons und die Kartoffeln in kleine Würfel schneiden. Die Butter zerlassen und die Gemüsewürfel darin anschwitzen. Die Nordseegarnelen dazugeben und die Gemüsemischung auf zwei Teller verteilen. Je sechs Austern darauf anrichten, mit der Sause nappieren und im Backofen etwa fünf Minuten überbacken.

Zutaten:

(für 2 Personen)

12 Austern
100 ml Weißwein
100 ml Fischfond
100 g Sahne
5 g beurre manié (Mehlbutter)
1 verquirltes Eigelb
30 g geschlagene Sahne
20 g Staudensellerie
30 g Champignons
30 g Lauch
20 g gekochte Kartoffeln
10 g Butter
30 g Nordseegarnelen

deutschland

*allemagne
germany*

„Die Auster war mal
abwesend – Ebbe und Flut
waren immer hier"

Sylt, die von der Natur geformte Insel, lockte immer schon Künstler an, die hier dem Augenblick Respekt zollten. Der herbe Zauber der Sylter Aquarelle von Nolde und Sprotte trifft die Gefühle der einsamen Strandwanderer genau. Und der Künstler Ernst Petzoldt beobachtete das Meer, „das immer wieder heranwogt, das eigensinnig durchaus aufs Land will und immer wieder zurückfluten muß..." In jeder Austernschale sah Petzoldt die „Molluskensehnsucht nach unsterblicher Form".

Das erzählte mir Detlef Detlevsen, ein Sohn der Insel, bei unserer Strandwanderung von Kampen nach List. Wir waren dick angezogen, sprachen gegen den Wind, über die Insel, über ihre Geschichte und konnten mit den Wellen nicht Schritt halten. Die Wolken jagten über uns und ich hatte dieses unheimlich-wunderschöne Gefühl, als würden wir dem Rande der Welt entgegenlaufen. Nach List, dem nördlichsten Zipfel Deutschlands, wo das Meer einst eine Ecke für ein Austernparadies vorgesehen hatte. Aber wie Ebbe und Flut wechselten sich hier Erfolg und Katastrophe unaufhaltsam ab.

Im 11. Jahrhundert wurden von Knut dem Großen, der – wie die Sage erzählt – die ersten Zucht-Austern von England herüberholen ließ, die ersten Austernbänke in Nordfriesland angelegt.

Der Austernfang auf Sylt war immer sehr gefährlich, aber auch sehr einträglich. Hamburger und Bremer Kaufleute, sogar das dänische Königshaus, ließen sich frische Austern in kleinen Holzfäßchen, mit Seewasser gefüllt, bringen. Auch aus Ungarn gab es Bestellungen, wohin sie per Eisenbahn transportiert wurden.

Mit Streicheisen, die Segelboote hinter sich auf dem Meeresboden entlangschleppten, wurden die Austern gefangen. Die sogenannten „Striekisen" waren Netze von Riemen aus Seehundfell (später wurden sie aus kleinen eisernen Ringen hergestellt). Am „Striekisen" befand sich ein Tau, mit dem das Netz an Bord gezogen wurde. Pro

DEUTSCHLAND

Fang und Netz wurden cirka 150 Austern eingeholt. Die Fischer mußten über genaue Kenntnisse der Austernbänke verfügen, um sie richtig anzusteuern.

In Keitum, Hörnum und List war der Austernfang eine wichtige Einnahmequelle, zumal die Nachfrage enorm anstieg.

Dementsprechend rücksichtslos wurden von Menschenhand die natürlichen Bestände geplündert. 1587 gab es den ersten „Austernerlaß". König Friedrich II., Herzog von Holstein-Gottrop, ersuchte seine Untertanen, den Austernfang einzuschränken. Seit damals wurde der Austernfang verpachtet, in der Regel für jeweils 20 Jahre. Um 1870 konnte man zwischen Rømø, Sylt, Amrum und Föhr 47 Austernbänke zählen, von denen mehrere über vier Kilometer lang waren.

Austernproduktion auf Sylt um 1912

Restaurant in List um 1912

114. Sauerkraut mit Austern-Ragout und Rheinwein. Der eingemachte Kohl wird gut ausgedrückt, mit ½ kg ungesalzener Butter auf 1 ½ kg Kohl in kochendem Wasser 3 Stunden gekocht, dann mit 1 Flasche Rheinwein fast trocken eingeschmort und in einer Schüssel kranzförmig angerichtet. In die Mitte legt man Austern-Ragout wie folgt: Nachdem man ½ Eßlöffel voll feines Mehl in frischer Butter geschwitzt hat, kocht man mit kräftiger Bouillon aus Maggis gekörnter Fleischbrühe eine sämige Sauce davon, würzt sie mit Salz, Zitronensaft und etwas Muskatnuß und rührt sie mit 2 Eidottern ab. In dieser Sauce schwenkt man 2 Dutzend von den Bärten gereinigte Austern, bis sie steif sind, läßt sie aber nicht kochen, gibt auch das Austernwasser durch ein feines Sieb hinzu und das Gericht alsdann sofort zur Tafel.

Austernrezept aus: Das Praktische Kochbuch von Henriette Davidis-Holle, 1912

DEUTSCHLAND

In den Jahren 1859–73 wurden jährlich vier bis fünf Millionen Austern gefischt. Der Austernfischer bekam etwa anderthalb Mark pro Tonne in die Hand.

Aber 1882 mußte die Austernfischerei eingestellt werden, da das ständige Graben mit den Streicheisen über den Wattenboden den Neuansatz von Jungtieren immer wieder gestört hatte. Die Schonzeit begann.

1910 wurde in List ein staatlicher Betrieb geschaffen, der Brutaustern künstlich ansiedeln sollte. Es galt nicht nur den Austernfang zu steigern, sondern das erste Mal systematische Zuchtversuche mit Unterstützung der Biologischen Anstalt Helgoland zu starten. Damit wurde die Austernfischerei nicht mehr als Beutefang zur See angesehen, sondern Aussaat, Pflege, Schonzeiten und Kulturbänke nahmen ihren Anfang.

1912 wurden 50 000 Austern aus Holland ausgesetzt. Detlef Dethlefs, Betriebsleiter der fiskalischen „Königlich Preußischen Austernfischerei", erinnerte sich 1956: „Wir waren mit dem Raddampfer „Gelbstern" unterwegs, der sechs Netze hinter sich her zog. Die Austernbänke lagen etwa sieben Meter tief. Natürlich hatten wir außer Austern genug anderes Zeug mitgefangen. Das wurde dann gleich an Bord alles sauber sortiert und das Unbrauchbare wieder ins Wasser geworfen."

Austern-Fischerei-Reklame, 1912

Spezialfahrzeug für die Arbeit in den Austernbänken

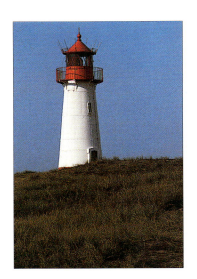

Leuchtturm List auf Sylt

Der Hafen von List

Dethlefs, ein freundlicher Nordfriese mit Schiebermütze, der mit Frau und Sohn in einem strohgedeckten Friesenhaus auf dem „Ellenbogen" wohnt: „Genaugenommen war das, was wir – mein Sohn und zwei Gehilfen – in diesen Jahren betrieben, ja keine Austernfischerei mehr, sondern Austernzucht. Wir ließen uns deshalb Saataustern kommen, besonders aus Frankreich und Holland. Die setzten wir dann auf den Naturbänken aus. Das ist nun auch wieder so eine ganz besondere Sache, verstehen Sie: Die Larven schwimmen dann dort umher. Und man muß nun dafür sorgen, daß sie sich ansetzen. Sonst werden sie ja von dem dauernden Strom weggespült. Wir mußten zunächst also mal Brutfänger auslegen. Gekalkte Dachziegel waren das. Mitte Juni fingen wir damit an und hatten bis weit in den Juli hinein damit alle Hände voll zu tun."

1925–27 wurden auf der Ellenbogenbank fünfeinhalb Millionen Saataustern ausgesetzt. Bis eine Auster aber versandreif ist, vergehen drei bis sechs Jahre. Dethlefs: „Wir hatten wieder mal Pech. Der kalte Winter ver-

DEUTSCHLAND

Austernpark in List

nichtete den Großteil der Bestände. Allen Schwierigkeiten zum Trotz ging es nach einer besonders besorgniserregenden Flaute mit der Sylter Austernfischerei wieder aufwärts. 1937/38 und 1939. Dann kam der Krieg. Und im Dezember 1939 hatten wir 27 Grad Kälte. Und das war das Ende..."

Doch nicht ganz. Wieder wurden zwischen 1964 und 1972 Austernsetzlinge erfolgreich ausgesetzt. Dann, 1976, wieder die Katastrophe: 90 Prozent wurden durch Eisgang zerstört. Das Leben in der vom Rhythmus der Gezeiten bestimmten Welt aus Licht, Sand und Wind kann unbarmherzig sein.

Kurze Bilanz: Durch übertriebene und nimmersatte Abfischung in Verbindung mit ungünstigen Witterungsverhältnissen verloren die deutschen Austernbänke immer mehr ihre Bedeutung.

Aber nach dem Motto, zu retten, was an der Nordseeküste zu retten ist, nahm sich die Bundesforschungsanstalt für Fischerei mit fleißigen Muschelfischern der Inseln Sylt, Föhr und Amrum, erneut der Austernaufzucht an.

DEUTSCHLAND

Mitte der 70er Jahre wurde die robuste, pazifische Felsenauster erfolgreich getestet, und damit befindet sich die Auster made in Germany wieder im Aufschwung. Bis zu zwei Millionen Austern werden jetzt im Watten-

Austernüberwinterungsanlage, Dittmeyer's Austern Compagnie, List

Austernpark in List

Produktionshalle von Dittmeyer, List

meer betreut. Besondere Kennzeichen: Geschmackvoll und vollfleischig. 1987 ließ die Dittmeyer's Austern-Compagnie für ihr empfindliches Markenprodukt eine raffinierte Überwinterungsanlage bauen – eine 270 Meter lange Seewasserleitung und eine große Halle mit hintereinander gestaffelten Stahlbetonbecken. Damit trotzt die traditionelle Sylter Auster jetzt auch der eiskalten Jahreszeit und kann wieder ohne den bitteren Beigeschmack unwägbarer Risiken als Sylter Royal von Austernliebhabern geschlürft werden.

Diese ist, aufgrund der wechselhaften Geschichte, wirklich etwas ganz, ganz Besonderes. Dr. Thomas Neudecker von der Hamburger Forschungsanstalt für Fischerei frohlockt: „Die deutsche Auster wird durch ihre Frische, Qualität und ihren Geschmack immer konkurrenzfähiger. Im Fleischgehalt liegt sie 20–30 Prozent über vergleichbaren Exemplaren aus Frankreich. Leider ist sie im Preis

Nordsee Auster (crassostrea gigas)

Seestern, ein natürlicher Feind der Austern

noch deutlich höher, aber immer mehr Feinschmekker sind bereit, für die deutsche Auster eine Mark mehr auszugeben.

Der Erfolg zeigt sich in Zahlen: Wurde 1986 der einheimische Markt mit cirka 25 Tonnen deutschen Austern beliefert, so waren es 1993 schon 40 Tonnen!"

Die Sylter Auster lebt wieder: Tradition, die man genießen sollte. Jeder Mensch, der diese Austern just auf List schlürfen kann, vielleicht sogar im Freien, oder im Zelt, immer die Heavy-wellness-Melodie des Meeres im Rücken, kann sich mehr als glücklich schätzen.

Transportfertige „Sylter Royal" Austern

i r l a n d

i r l a n d e
i r e l a n d

„Black Velvet heißt
Austerngenuß
mit Guiness"

IRLAND

Ein kleines, freundliches Universitätsstädtchen an der irischen Westküste, fünf Autostunden von Dublin entfernt, gab der geheimnisvollen Meeresfrucht seinen Namen: Galway.

Dort findet alljährlich im Herbst ein großes Austernfestival statt, und hier lernte ich John kennen, dessen Augen so tiefblau sind wie der ungezähmte Atlantik, aus denen er seine Austern erntet.

John ist Austernfischer in dritter Generation und stolz darauf, daß die tiefen Austern aus Irland wegen der Sauberkeit der Gewässer, in denen sie aufgezogen werden, als reinste der Welt gelten. Außerdem kann John in 160 Sekunden 30 Austern öffnen und ist damit um Zehntelsekunden schneller als sein Großvater.

Michael Barry, der weit über die Landesgrenzen hinaus anerkannte irische Austernkenner, erzählte mir: „Austernzucht ist sehr zeitaufwendig und arbeitsintensiv. Sie dauert drei bis vier Jahre, und es erfordert 35 verschiedene Arbeitsgänge, bis eine Auster marktreif ist. Du mußt bei jedem Wetter raus, hast deine Hände immer im salzigen Wasser und bald keine Hornhaut mehr. Aber jede gesunde Auster die du dann in der Hand hältst, versöhnt dich für diese Strapazen und macht dich glücklich." Michael Barrys Frau Fina hat sich längst damit abgefunden, in seinem Leben nur die zweite Geige zu spielen, und fragt mich schmunzelnd: „Rate mal, was er mir zur Hochzeit geschenkt hat?... natürlich Perlen! Austern sind eben seine große Leidenschaft. Deshalb gab es sie auch bei unserem Hochzeitsessen als Vorspeise."

Abendessen in Galway: Es ist stark gewöhnungsbedürftig, wenn man statt des gewohnten Champagners zu einer Runde Austern ein Glas Guiness, das dunkle Bier mit der sahnigen Schaumkrone, auf den Tisch gestellt bekommt. Ehrlich gesagt, es fiel mir schwer, es in die

IRLAND

Hand, geschweige denn einen Schluck aus dem Glas zu nehmen. Allerdings hätte John, der mich in sein Lieblingspub am Kai mitgenommen hatte, ein zu langes Zögern als persönliche Beleidigung aufgefaßt. Und das konnte ich mir nicht leisten. Tapfer nahm ich einen Schluck vom Guiness – und siehe da – was in Frankreich unvorstellbar wäre und jeden Franzose entsetzt in Ohnmacht fallen ließe – ist in Galway möglich. Die Austern waren auch mit dem Bier ein wahrer Genuß. Das ist wieder eines jener Geheimnisse, daß etwas nur in einer gewissen Gegend, in der es heimisch ist – und nur dort –, schmeckt.

Irische Auster (crassostrea gigas)

Galway ist überhaupt ein Wallfahrtsort für fröhliche Stunden. Es gibt eine Galway-Huker-Regatta, die Galway Races, eine Mischung zwischen Pferderennen und Karneval, ein Festival der irischen Folklore, Kunsttage und eben das „Oyster-Festival."

IRLAND

Michael Barry inspiziert die Austernbänke, nascht von Zeit zu Zeit eine Auster – sicherlich nicht nur um deren Qualität zu prüfen – und demonstriert ihre Idealgröße.

IRLAND

„Unsere Austernkönigin nennt man Pearl. Und in eine davon habe ich mich vor Jahren verliebt", gesteht John und wird dabei sogar ein bißchen rot.

Lucy ist jetzt seine Frau und die wichtigste Stütze für den Mann, dessen Existenz nicht nur von der Austernfischerei abhängt, sondern der diesem Beruf auch mit Leib und Seele nachgeht.

Aber es ist ein schwieriger Job, obwohl Irland eine der besten Austern der Welt produziert. Sie werden von Menschen gezüchtet, die davon überzeugt sind, daß sie es verstehen und sie damit ihren Lebensunterhalt verdienen können. Denn die Voraussetzungen der Natur sind ideal, die irländischen Küstengewässer im Atlantischen Ozean einzigartig an den Süd- und Westküsten. Da die Bevölkerungsdichte in diesen Gegenden sehr gering ist, werden auch nur wenige Abwässer in die Buchten geleitet. Die Bedingungen für das Wachsen und Gedeihen von Austern sind einfach optimal, und im Frühling und im Sommer gibt es im Wasser schwebende Lebewesen im Überfluß. Warum die Austernfischer der grünen Insel aber trotzdem von Existenzsorgen geplagt sind, bringt Matt Murphy

Reinigung der Taschen

Sortiertisch

IRLAND

von Sherkin Island, Marinestation in Cork, kritisch auf den Punkt:

„Es ist in Irland nie gelungen, das gesamte Potential der Austernbänke auszuschöpfen – und es ist immerhin schon 22 Jahre her, daß Austern zur Zucht nach Irland importiert wurden. Im Klartext: In Frankreich werden jährlich 120 000 Tonnen produziert, bei uns sind für 1994 nur 2500 Tonnen vorgesehen. Ist das nicht der reine Wahnsinn?"

Diesen Mißstand lastet er vorwiegend der Regierung an, die allerdings auch jahrelang keinen Druck seitens der Bevölkerung bekommen hat. Es ist unverständlich, warum Irlands Fischfangflotte nur Fisch für 98 Millionen Pfund angelandet hat – das sind nur 16 Prozent des europäischen Fangs. Die anderen Länder haben aus dem irischen Fanggebiet, legal oder illegal, für eine Billion englische Pfund Fische geschafft. Aber leider ist sich der Großteil der Iren der Wichtigkeit der einheimischen Austernzucht nicht bewußt und hat nur ein geringes Interesse daran, neue Austernfarmen aufzubauen. Trotzdem lassen sich die irischen Austern-Gemeinschaf-

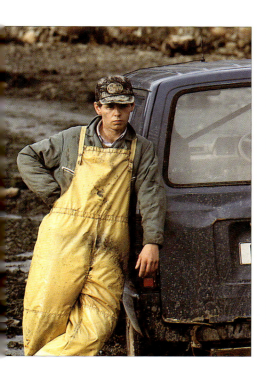

Austernernte

Waschen der Austern

ten ihre wunderbaren Zukunftsvisionen nicht nehmen, wenn sie an die Zuchtanlagen an ihren Küsten denken. Zugleich haben sie aber auch Angst, daß ihre Söhne und Töchter eines Tages lieber auswandern, als mit ihnen neue Pläne der Austernzucht zu entwickeln.

In den letzten 22 Jahren ist es keiner Regierung gelungen mehr Jobs an den Küsten zu schaffen. Obwohl zwei Agenturen, die Fisherin Board (BIM) und das Board

of Gaelic speaking aeras (Udaras na Gaeltachta) wahre Werbefeldzüge veranstaltet haben, um die Bevölkerung der Küsten für die Austernzucht zu begeistern. Nur aus dem Fond der europäischen FEDGA, die die Fisch- und Muschelzüchter vertritt, fließt auch etwas nach Irland.

Als Hauptzuchtgebiete für die Irische Auster werden Carlingford Lough an der Ostküste und Dungravan Bay

IRLAND

an der Südküste genannt. 1800 Tonnen werden hier geerntet. Die übrigen 700 Tonnen kommen aus Rosscarbey und Sherkin Island im Südwesten und Mayo, Sligo und Donegal von den Küsten im Nordwesten.

Pazifische Austern werden in Plastikkäfigen gezüchtet, die auf Stahltrossen – zwischen 2,60 Meter und sechs Meter lang – im Meer montiert sind.

Wie überall brauchen die Austern während der Som-

mermonate besonders viel Aufmerksamkeit. Sie müssen ständig in Bewegung sein, und die Züchter müssen darauf achten, daß sich weder Algen festsetzen noch das Wasser in den Käfigen stillsteht.

Interessant, daß eine Tiefe von 50 bis 100 Metern auch verschiedene Größenresultate ergab. Und daß Austern besonders groß wurden, wenn man sie nach einiger Zeit

in eine andere Bucht brachte. Innerhalb von 28 Monaten nahm das Gewicht der Austern in Sherkin Island um 73 Gramm zu.

Die meisten der in Sherkin Island produzierten Austern werden nach Deutschland und Frankreich exportiert.

Vereinzelt werden auch in irischen Supermärkten frische Austern angeboten. Aber leider ist der Absatz noch relativ gering. Erst wenn es gelingt, aus der „Zierde des Meeres" ein fast selbstverständliches Produkt in den

IRLAND

Läden zu machen, könnten die Züchter einen Absatz von 500 Tonnen innerhalb weniger Jahre erreichen.

Austernfischer John verdrängt all diese Probleme um die unglückliche irische Austernpolitik. „Ich hätte Angst, auf Schritt und Tritt verrückt zu werden. Ein Einzelner ist doch machtlos, es muß sich eine Gemeinschaft bilden, um einen Aufschwung in die irische Austernzucht zu bringen."

Lieber erzählt John über seine Arbeit: „Das Prinzip der Austernzucht ist denkbar einfach. Alle Tiere und Pflanzen

leben in einem natürlichen Gleichgewicht. In einer stabilen Umgebung halten sich Alte, Junge, Gesunde und Kranke die Waage. Auch im Falle der Austern gibt es kritische Zeiten, in denen die Sterblichkeitsrate steigt. Dagegen hat das Tierchen aber eine sehr hohe Fruchtbarkeit entwickelt."

Das wichtigste ist, daß die junge Auster frei schwimmen kann. Wenn sie sich einmal festgesetzt hat, braucht sie keine weitere Bewegung mehr. Nach zehn Tagen bis zu zwei Wochen, das hängt von der Wassertemperatur ab, setzt sich die Larve, sie hat eine Größe von cirka 0,3 Millimeter, ist also so winzig wie eine Nadelspitze, an einem Plankton fest und findet einen Ort für die restliche Zeit ihres Gedeihens.

John: „Und wenn du im Herbst zu meinem Austernfestival kommst (er sagte wirklich „meinem"), kannst du bei der Weltmeisterschaft im Austernöffnen mitmachen."

Ich verstand den feinen irischen Humor, denn der Rekord liegt bei 30 Austern in 91 Sekunden. Aber John war wohl froh darüber, daß meine Hand auch noch nach dem dritten Versuch, eine Auster zu öffnen, völlig unverletzt blieb. Das ist für einen „Frischling" ein großer Erfolg.

IRLAND

IRLAND

Michael Barry und der Starkoch des Cottage Loft in Kinsale beim Zubereiten eines beliebten Austerngerichtes

Austerntopf mit Ingwer und Limone

Zubereitung

Die Austern öffnen, säubern und aus den Schalen lösen. Das Austernwasser passieren. Die Butter erhitzen und die Schalotte darin glasig dünsten. Das Austernwasser, den Fischfond, die Sahne, den Weißwein und den Limettensaft angießen. Alles aufkochen lassen und auf die Hälfte reduzieren. Die Reduktion mit dem gehackten Ingwer, Pfeffer und Salz würzen und die Austern darin etwa 2 Minuten pochieren.

Zutaten:

(für 2 Personen)

12 Austern
10 g Butter
1 feingehackte Schalotte
¼ Pint* Fischfond
¼ Pint* Sahne
¼ Pint* Weißwein
Saft von 1 Limette
1 TL gehackter Ingwer
frisch gemahlener Pfeffer
etwas Salz

* ¼ Pint = ca. ⅛ l

IRLAND

Irla ist ein Ire wie aus dem Bilderbuch. Groß, stark, braunrote Haare, und sein Lachen hört man bis an das nächste Ufer. Er liebt strömenden Regen und die Region Connemara, wo man noch die gälische Tradition pflegt. Sein Trinkspruch lautet: „Auf Wiedersehen unterm Tisch", und Sie können sich nun vorstellen, wie trinkfest er ist. Ich habe seine Gastfreundschaft dankend angenommen und mich tapfer geschlagen.

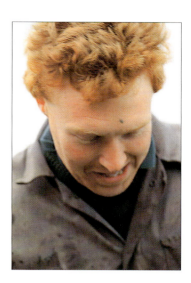

Irla ist Meeresbiologe und nennt die Austern liebevoll „meine süßen Viecherchen." Die haben's ihm angetan, seit Jahren beschäftigt er sich mit den Meerestieren. Er wundert sich immer wieder: „Da braucht es mindestens drei Jahre, bis eine Auster sich Delikatesse nennen darf; wir hegen und pflegen sie – und dann dauert es nicht mal 30 Sekunden, bis der Mensch sie verschlingt."

Eine Auster heiligt eben den Augenblick. Sie ist keine Delikatesse aus der Retorte, sondern wirklich ein sensibles Tierchen. Wie lebt es, wie pflanzt es sich fort und was frißt es?

Ausgewachsene Austern werden mit Algen und Spurenelementen in zirkulierendem Meerwasser gefüttert. Die Temperatur muß auf 20°C erhöht werden, damit die Austern sich öffnen und bereit zur Fortpflanzung sind.

Der „Zaubertrunk" ist eine Mischung aus Algen und Wasser, im Verhältnis 40 zu 60. Diese Konzentration hat sich als besonders wirksam erwiesen. Füttert man weniger Algen, gibt es weniger Nachwuchs. Mischt man wiederum zu viele Algen, tut sich auch wenig. Das ist reine Vergeudung, die zwar wohlgenährte und runde Austern hervorbringt, die aber zur Fortpflanzung nichts taugen.

Normalerweise brauchen die Austern in dieser Zeit rund sechs Wochen um Laich oder Sperma zu produzieren. Wenn man Austern in einem Meerwasserbecken mit erhöhter Temperatur hält, kann man die Fortpflanzung durch einen Temperaturschock erhöhen. Laich und Sperma werden anschließend in einem gesonderten Becken gehalten. Die Eier werden befruchtet, wenn das

Austernsetzlinge

Verhältnis fünf Spermien pro Ei erreicht ist. Hat die Befruchtung stattgefunden, müssen die Larven in Becken gesetzt werden, sechs Stück auf den Milliliter gerechnet.

Die Larven werden dann 21 bis 26 Tage mit mikroskopisch kleinen Algenteilchen gefüttert. Während dieser Zeit ähneln die Larven einer Art von Plankton und verhalten sich wie winzige Fische in ihrem frühesten Entwicklungsstadium. Nach rund 20 Tagen entwickeln sie einen Fuß und suchen einen Sockel, auf dem sie sich festsetzen können, um das Stadium der Verpuppung (Entwicklung) zu überstehen.

Jetzt sind sie fast „erwachsen", und die Ernährung muß umgestellt werden: Die Algenteilchen werden größer. Die jungen Austern haben nun einen Durchmesser von rund 0,5 mm und sind ausgewachsenen Austern in ihrem Aussehen gleich.

Jetzt werden die Spats (junge Schalentiere) in Becken gesetzt, in denen das Meerwasser besonders reichlich mit Sauerstoff und Nährstoffen ausgestattet ist.

Das Wasser in diesen Bassins muß sehr oft ausgetauscht werden. Die Gefahr, daß eine junge Auster durch Bakterien oder andere Gifte getötet wird, ist sehr groß. Die Temperatur muß konstant bei 20°C gehalten werden.

Wenn die jungen Austern eine durchschnittliche Größe von 4 Millimeter erreicht haben, werden sie langsam an die normale Temperatur des Meerwassers gewöhnt und kommen in die Gehege vor der Küste. In feinmaschigen Käfigen sind sie vor Feinden sicher und jederzeit kontrollierbar.

Es dauert cirka drei Jahre, bis die Auster ausgewachsen und groß genug für den Verkauf ist.

Der Diätplan für junge Austern setzt sich aus einer Portion Geißeltierchen und feinsten Algen zusammen (nur zehn der über 1000 Algenarten eignen sich als Austernfutter).

Die Geißeltierchen werden extra im Labor gezüchtet. Die Gefahr, daß diese empfindlichen Tierchen sich an-

IRLAND

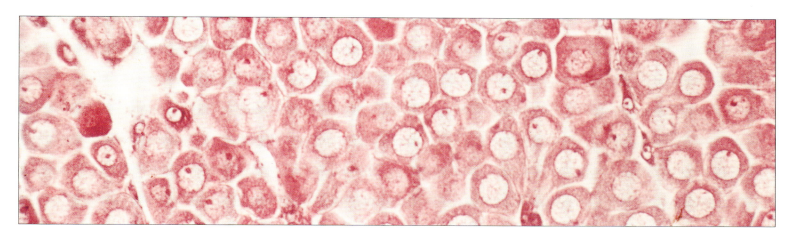

Austernsperma, mikroskopisch dargestellt

stecken können, ist äußerst groß. Deswegen muß die Aufzucht mit aller Sorgfalt und unter strengsten hygienischen Bedingungen durchgeführt werden.

Die Wassertemperatur und die Sonneneinstrahlung werden ständig gemessen. Es darf weder zu warm, noch zu kühl werden. Um das Wachstum zu regulieren, wird die Wassertemperatur nicht nur den natürlichen Einflüssen überlassen. Man benutzt eine Art „Solarium". Die Algenkultur braucht zur Reife ungefähr drei Tage, um dann an die jungen Austern verfüttert werden zu können.

Meerwasserbecken mit jungen Spats (junge Schalentiere), mit reichlich Sauerstoff und Nährstoffen angereichert; die Temperatur muß bei konstant 20°C gehalten werden

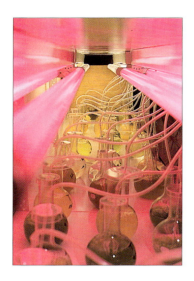

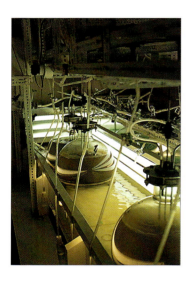

Diese Algenfütterung nennt man „batch culture" (auf einen Schub hergestellt). Das bedeutet: Von 100 Mikroben auf 80 Liter Wasser wird man innerhalb von neun Tagen rund 2000 ernten können. Wenn man sie durch ein superfeinmaschiges Netz schüttet, ergibt das eine Menge von rund sieben Prozent.

Während der ganzen Wachstumsphase muß das Wasser mit ausreichend Sauerstoff versorgt werden, dafür gibt es spezielle Zuleitungen.

Im Unterschied zu den weichen Zellwänden der Geißeltierchen haben die Algen harte. Beides brauchen die jungen Austern speziell in der Wachstumsphase. Die Zellwände der Algen enthalten sehr viel Silizium, das die jungen Austern zum Aufbau ihrer einzigartigen Schalen benutzen.

Um die Aufzucht der jungen Austern zu garantieren, muß das Meerwasser eine hohe Konzentration von wasserlöslichen Silikaten enthalten. Beide, Algen und Geißeltierchen, sind für die Ernährung der Auster unentbehrlich.

Übrigens ist die Auster mal weiblich, mal männlich. Diese Zwitterstellung erlaubt es ihr, sich ohne größeren Streß zu vermehren. Wann sie sich in welchem Stadium befindet, hängt von den Nahrungsverhältnissen und der Wassertemperatur ab.

e n g l a n d

*a n g l e t e r r e
e n g l a n d*

„*Delikatesse aus der
Themse*"

ENGLAND

Overton und Sweetings, zwei der ältesten Austernrestaurants in London

Es ist kurz nach 14 Uhr, als ich im Antiquariat Harrington Bros. im Chelsea Antique Market auf der Kings Road nach Kochbüchern frage. Bei dem Stichwort „Austern" gerät der Inhaber ins Schwärmen und verrät mir, daß er gerade aus dem Harrods komme, wo er sich mit einem Geschäftsfreund zu einem Austernschmaus verabredet hatte. „Das machen wir einmal in der Woche, weil auch wir Briten Genießer sind und nicht solche Gourmet-Banausen, als die uns die Franzosen immer hinstellen."

In der Tat ist der Austernstand im Harrods, wo auf einer prachtvollen Platte Dutzende von Austern auf Eis und Seetang auf ihre Genießer warten, täglich immer gut besucht. Die sündhaft teuren Preise scheinen nur wenige abzuschrecken, frei nach dem Motto: ein Gentleman

ENGLAND

genießt und schweigt. Leider nahm ich aus dem Antiquariat kein geeignetes Buch mit nach Hause, dafür aber den Tip, doch einmal das Britische Museum zu besuchen, wo es eine große Molluskensammlung mit einer Spezialabteilung Austern zu bestaunen gibt.

Es ist unglaublich, daß ungefähr 70 Kilometer von London entfernt Austern wachsen und gedeihen. In der Themsemündung werden diese drei Ostrea-edulis-Sorten

groß, die nach den Herkunftsorten benannt werden:
- Die Whitstable hat einen zarten Nußgeschmack.
- Die Colchester ist zart und trotzdem fleischig-voll und macht ihrer französischen Schwester Belon unter Gourmets richtig Konkurrenz.
- Die Helford schmeckt leicht metallisch und hinterläßt einen süßlichen Nachgeschmack, den nicht jeder mag.

ENGLAND

Kostbare Colchester-Auster aus der Themsemündung bei Colchester

Da die englische Auster nicht im Überfluß vorhanden ist, wird sie dementsprechend teuer gehandelt. Nur ganz exklusive Delikatessengeschäfte (z.B. im Kaufhaus Harrods) oder die teuersten Hotels der Stadt (z.B. das Lancaster oder das Sheraton) bieten sie an.

„Das Wasser der Themse ist besser als ihr Ruf", versichert der junge Fischer Alain Barnes stolz, der gerne Ökologie studiert hätte, aber dann doch Vaters Erbe angetreten hat und damit die Familientradition fortsetzt.

Die englischen Austernzüchter müssen unter ähnlich ungünstigen klimatischen Bedingungen arbeiten, wie ihre Sylter Kollegen. Auch sie kommen ohne eine Überwinterungsanlage nicht aus, die die Auster in den kalten Monaten vor dem Erfrieren schützen soll.

ENGLAND

Colchester Auster für den Bahntransport verpackt, Fotografie von 1910

Zur Erntezeit schwirren Boote und Trecker die Themsemündung entlang, und so mancher Passagier jener großen Fähre, die zweimal in der Woche von Hamburg nach Harwich unterwegs ist, wundert sich über die Emsigkeit auf der Themse. Daß hier Austernfischer am Werk sind, ahnt kaum jemand.

Die Austern sind die einzige Delikatesse, bei der im fein getäfelten Speise-Salon des englischen Königshauses Schlürfgeräusche entschuldigt werden. Als eifrigster aller Austern-Royalists gilt übrigens der unternehmungslustige Prinz Andrew.

j a p a n

j a p o n
j a p a n

„*Hängekultur unter
Japans Sonne*"

JAPAN

Die pulsierende Hektik der Großstadt Tokio liegt drei Flugstunden von Ohno an der Hiroshima Bay entfernt. Dort befindet sich eine der florierendesten Austernzuchtstationen unter Nippons Sonne. Japan ist zwar hinter den Vereinigten Staaten nur die Nummer Zwei in der internationalen Austernwirtschaft, aber die Nummer Eins bei der Zuchtkultur.

In Japan sind Austern spottbillig. Ihr Preis liegt dort im Vergleich zu Europa bei der Hälfte bis zu einem Drittel. So wird der aktuelle Verkaufspreis zur Zeit mit etwa 15 Mark für ein Kilo Austernfleisch angegeben. Das entspricht einem Stückpreis von cirka 30 bis 35 Pfennig! Bei so köstlichen Preisen läuft den Austernfreunden hierzulande bestimmt das Wasser im Mund zusammen...

Im Land der aufgehenden Sonne werden Unmengen von Austern verschluckt, aber sie gehören dort eben zu den Grundnahrungsmitteln und gelten nicht wie bei uns als elitäres Genußmittel.

Die Jahresproduktion liegt bei cirka 240 000 Tonnen, war aber in den letzten Jahren rückläufig, da viele Betriebe nicht mehr profitabel arbeiten können. Was bei diesen Verkaufspreisen nicht wundert, zumal die Lohnkosten heftig angestiegen sind. Nippons Austernfischern steht das Wasser zwar nicht bis zum Hals, aber sie müssen, wie ihre europäischen Kollegen, um ihre berufliche Existenz bangen. In den Hochburgen der Austernzucht – Matsuschima, Ischinomaki, Hiroshima und Ariake – werden oft europäische Geschäftsfreunde empfangen, um Verfahrensweisen oder Informationen auszutauschen.

Einer von ihnen war Dr. Thomas Neudecker von der Hamburger Bundesforschungsanstalt für Fischerei, der sich an seine Dienstreise erinnert: „Die japanische Austernzucht basiert auf verschiedenen Systemen: Zum einen gibt es Gestelle zum Brutfang und zur Abhärtung der Setzlinge, zum anderen nimmt man Flöße und Langleinen zur Mast- bis zur Speisereife, wobei auf Drähte aufgezogene Pectenschalen als Nährboden dienen."

Kollektorendrähte mit Pectenschalen und Distanzröhrchen

JAPAN

Japan ist berühmt wegen seiner im Jahre 1923 entwickelten Hängekultur. Die Züchter lassen Austern an Drähten oder Langleinen wachsen, die vertikal im Wasser hängen und direkt mit freischwingenden oder festverankerten Flößen oder Drähten verbunden sind. Jungaustern werden wie Perlenketten aufgereiht, und durchbohrte Muschelschalen dienen als Zwischenpuffer. Die Austern schweben also immer frei im Wasser und

Junge Austern an Jacobsmuschelschalen auf Kollektorendrähten

Aufziehen von Pectenschalen

werden nicht unnötig durch Schmutz oder Schlick verunreinigt.

Japaner verwenden als Arbeitsmaterial gerne Bambus, das unempfindlich gegen Salzwasser ist.

Die Arbeit der Frauen auf einem der für die Seto-Inlandsee typischen Bambusflöße ist sehr mühsam: Sie transferieren behutsam junge Austern, die kaum einen Zentimeter groß und noch auf Pectenschalen auf den Kollektorendrähten von einem Meter Länge aufgezogen waren, nun zu ihrem neuen Platz: auf Drähte, die diesmal

Gestelle zum Brutfang und zur Abhärtung der Setzlinge

Floß aus Bambusstangen

Anlieferung der Austern zur Weiterverarbeitung

Japanische Arbeiterinnen beim Öffnen von Austern

zwei mal viereinhalb Zentimeter groß sind und bis zur Austernernte an den Flößen hängen.

Bis zu ihrer Marktreife muß die Auster vier Entwicklungsstufen durchmachen.

Im Sommer (Juli und August) werden die Kollektorendrähte jeweils mit Pectenschalen und zweieinhalb Zentimeter langen Distanzröhrchen im Wechsel versehen und an geeigneten Plätzen wie Flößen oder Gestellen ausgebracht. Nach dem Brutfall, der bis zu 50 Stück Ansatz pro Pectenschale erbringen kann, werden die Kollektorenstränge auf spezielle Gestelle gebracht. Hier sind die jungen Austern mehrere Stunden pro Tide in der Luft und der Sonnenstrahlung ausgesetzt. Das führt dazu, daß die Tiere nur sehr langsam wachsen und ein Großteil auf Grund der schlechten Bedingungen abstirbt. Auf den Schalen verbleiben cirka zehn Austern, die nach einem Jahr nur etwa einen Zentimeter Größe haben.

Diese Austern, die überlebt haben, dürfen sich dann „gehärtet" nennen und werden auf die neun Meter langen Drähte mit cirka 20 Zentimeter langen Distanzröhrchen aufgezogen.

Jetzt wachsen sie an den Flößen extrem schnell heran und erzielen mit 80 Gramm ungefähr das gleiche Gewicht wie andere Austern, die ganzjährig gute Bedingungen hatten und im Sublitoral wachsen konnten. Sie sind jedoch wesentlich widerstandsfähiger und zeigen im Gegensatz zu ihren „normalen" Schwestern nach der Laichzeit kaum Mortalitäten.

Ein kleiner Bestand an Austern bleibt noch ein weiteres Jahr an den Flößen. Sie werden dann „Zwei-Sommer-Austern" genannt und sind 100 bis 140 Gramm schwer.

Dr. Thomas Neudecker war von der Bauart der Flöße sehr beeindruckt und beschreibt sie genau: „Das Floß wird aus Bambusstangen gebaut, die mit verzinkten Drähten zusammengebunden werden. Es ist cirka 9 mal 21 Meter lang und trägt 800 Drähte, pro Floß werden cirka 750 Austern produziert." Als Schwimmer dienen

„Styroporfässer" von etwa 400 Liter Volumen. Ein Bambusfloß – die Gesamtkosten betragen ungefähr 5000 Mark – hält gute fünf Jahre.

Als Verankerungen dienen 10 Tonnen schwere Betonklötze, wobei zwischen zwei dieser Verankerungen manchmal bis zu 10 Flößen vertäut sind. Dieses System ist sehr elastisch und überdauert die jährlich gefürchteten Taifune meist schadlos.

Zur Austernernte wird immer saisonweise zusätzliches Personal von den Firmen eingestellt. Es sind vorwiegend Frauen, die mit dem Öffnen der Austern ihren Lebensunterhalt verdienen. In einer riesigen Halle zählte Dr. Neudecker 46 Arbeiterinnen im Verhältnis zu drei Männern, die für das Heranbringen der Austern und für andere Organisationsaufgaben zuständig waren.

Das gereinigte Austernfleisch wird erst in einem stark durchlüfteten Süßwasserbecken „geduscht", um es von Schalenresten zu befreien, und sofort in Dosen verpackt oder eingefroren. Die leeren Schalen werden abtransportiert, in Mühlen gebrochen und als Mineralzusatz für die Geflügelindustrie genutzt.

Japanische Hausfrauen lieben die Auster als Fertigprodukt, das fast in jedem Supermarkt zu erhalten ist. Es heißt „Quick-Sayonara-Oyster". Dafür wird die Auster glasiert, das heißt das gefrorene Fleisch wird kurz in Wasser getaucht, so daß ein dünner Eisfilm vor Austrocknung schützt. Ähnlich wie ein Wiener Schnitzel wendet man die Austern nun in Mehl und legt sie sorgfältig auf ein Spezialförderband, das sie erst durch ein dünnflüssiges Teigbad und dann durch eine Paniermehlanlage zieht. Die halbautomatisch panierten Austern werden einzeln auf Spezialtabletts gelegt und bekommen nun einen Kälteschock verpaßt: Endstation Frostungsanlage mit minus 40°C! Diese tiefgefrorenen, panierten Austern sind sehr einfach und schnell zubereitet. Erst auftauen, dann acht Minuten in heißem Öl schwimmen lassen, fertig. „Käp'tn Iglu" auf japanisch eben.

Austernernte von Langleinen

Dr. Neudecker erzählte über den Erfahrungsaustausch mit einer japanischen Expertengruppe. Für Deutschland wäre die eissichere Version der Langleinenkultur sowie die Floßkonstruktionen mit den Styroporschwimmern interessant. Die japanischen Kollegen interessierten sich für die in Langballigau verwendeten Methoden bei den Algenkulturen und der Larvenaufzucht, die bei der Reproduktion von Austern und vor allem anderen Bivalven wie den Perlmuscheln (pinctada fucata) ideal sein könnten.

Im Gegensatz zu den Europäern, die die Austern bevorzugt roh aus der „halben" Schale essen, weshalb eine gleichmäßige Schalenform von Vorteil ist, mögen die Japaner diese Meeresfrucht lieber gekocht. Deshalb wird bei der Austernzucht auch kein großer Wert auf die Schalenform gelegt, sie ist außerdem viel flacher. Deutsche Japan-Besucher sollten deshalb im Restaurant immer vorsichtig hantieren, wenn sie aus der Austernschale schlürfen.

amerika

amérique
america

"Fast food aus der Oysterbar"

AMERIKA

Für Amerika typische Hängekulturen in der Austernaufzucht

Nein, es gibt ihn noch nicht, den Big Mac Oyster. Aber dafür das „Hangtown Fry". Ein Omelett mit Geschmack nach Goldrausch und Wildem Westen. Im Land der unbegrenzten Möglichkeiten ist eben auch auf dem Austern-Territorium nichts unmöglich. Zum Beispiel werden Austern in den Vereinigten Staaten in erster Linie gekocht, gebraten oder gebacken genossen.

Ein Gedanke, bei dem viele Gourmets die Contenance verlieren. Zu Unrecht, wie Sie auf den folgenden Seiten lesen können, wo köstliche Austernrezepte zum Nachmachen animieren. Ein Unterfangen, das auch Ihre feine Zunge nicht bereuen wird. Denn die Amerikaner sind durchaus nicht jene kulinarischen Amateure, als die sie viele Europäer gerne hinstellen möchten. Außerdem kann man in der berühmten New Yorker „Oyster Bar" in der Grand Central Station amerikanische Feinschmecker so andächtig Austern schlürfen sehen, wie es anspruchsvolle Genießer in Frankreich auch nicht besser könnten.

Die USA liegen mit ihrer Austernproduktion weltweit an der Spitze. Jährlich werden rund 300 000 Tonnen Austern aus dem Meer gewonnen. Und was es massenhaft gibt, wird nun auch massenhaft billiger. Deshalb gelten die Austern in Amerika als ganz normales Nahrungsmittel, das sich jeder Mensch leisten kann. Und daß die amerikanischen Köche schon immer experimentierfreudig waren, belegen die zahlreichen Zubereitungsvarianten.

80 Prozent der Ernte kommen bereits verarbeitet auf den Markt – geräuchert oder luftgetrocknet. Oder landen aus der Dose, aus dem Faß oder der Tiefkühltruhe in der Pfanne. Nur 20 Prozent der Delikatesse werden frisch verzehrt. In Europa sind es 80 Prozent – also genau umgekehrt.

What shells, oder so, würde der Amerikaner sagen.

Auch wenn meine Liebe immer jenen Früchten des Meeres gehören wird, die unverfälscht genau nach diesem schmecken, war ich doch auf gekochte oder gebackene

AMERIKA

Austern sehr gespannt und habe die Rezepte ausprobiert. Offen gestanden, sie haben mir auch so zubereitet gemundet. Meine europäischen Austernzüchter-Freunde John, Jacques & Co mögen es mir verzeihen.

Aber in der kulinarischen Ecke meines Herzens pocht eine kosmopolitische Bereitschaft, die meinen Gaumen immer neugierig auf Spezialitäten anderer Länder und anderer Küchen hält. Mit dem „Hangtown Fry Omelett" und den „Austern Rockefeller" habe ich jedenfalls schon einige Gäste bei mir zu Hause überrascht.

Fast immer kommt in den Südstaaten zu den Austern eine gut gewürzte Sauce auf den Tisch. Zu rohen Austern zum Beispiel die „on the half shell", mit einer roten Sauce, deren Genuß an eine Mutprobe grenzt. Überhaupt sind alle Austerngerichte ziemlich gut gewürzt. Dahinter steckt eine einfache Wahrheit. Die amerikanischen Austern schmecken nämlich – besonders wenn sie von der südlichen Küste kommen – recht langweilig. Damit sie Geschmack bekommen, muß reichlich gewürzt werden. Allerdings werden die Südstaatler für diese Austernkocherei von den Feinschmeckern der nördlichen Atlantikküste und nördlich von Kalifornien, in Oregon und Washington State, ziemlich verächtlich angesehen. Denn dort werden Austern, wie in Europa, roh vorgezogen. Also kulinarischer Hochmut auch im eigenen Land.

Natürlich gibt es zu dem Austern-Omelett „Hangtown Fry" eine typisch amerikanische Story. Dieses Gericht – frei übersetzt könnte Galgenstadt-Pfanne auf der Speisekarte stehen – galt als eine typische Henkersmahlzeit im gleichnamigen kalifornischen Goldgräber-Städtchen. Missetäter, die dort hängen mußten, bestellten sich häufig dieses Omelett und nahmen den Geschmack von gebratenen Eiern und erlesenen Austern mit in die Hölle.

In anderen alten Goldgräberorten, zum Beispiel in der Sierra Nevada, gibt es zahlreiche Varianten von Austernragouts, in denen Fleisch oder Gemüse mit Austern vermischt wurde.

AMERIKA

*„Crassostrea virginica",
Amerikanische tiefe Auster von der
östlichen Atlantikküste*

Die amerikanische Austernkultur gibt es schon seit dem vorigen Jahrhundert. Zunächst wurde die Eisenbahn als „Frischedienst auf Schienen" eingesetzt, und 1877 rollte der erste Kühlwaggon mit dem Schriftzug „Mr. Gustav, W. Swift" von Chicago aus ins Landesinnere. So kamen auch jene Amerikaner, die im verstecktesten Zipfel der Vereinigten Staaten wohnten, in den Genuß von frischem Obst, Gemüse und Meeresfrüchten.

Als bekanntestes Austernzuchtgebiet gilt die gesamte Golfküste und die Chesapeake-Bay.

In Amerika gibt es die flache Auster (Ostrea lurida) aus dem Westen des Landes (Western oyster, Native oyster). Sie wird nur cirka fünf Zentimeter groß, schmeckt aber genauso kräftig und gut wie ihre europäischen Schwestern.

Die tiefe Auster (Crassostrea virginica) hat ihren Bestand an der östlichen Atlantikküste der USA (Eastern oyster, Atlantic oyster, American cupped oyster). Bei ihnen ist zwar der Fleischanteil höher, aber der Geschmack sehr dezent. Die verschiedenen Sorten der Eastern oyster bekommen ihren Namen nach den Herkunftsorten. Sicher haben Sie schon mal von den Blue Points (von Long Island) oder den Cape Cods oder den Chincoteagues gehört.

AMERIKA

Zutaten

(für 4 Personen)

6 EL feingehackter Spinat
4 EL feingehackte Salatblätter
3 EL feingehackte Schalotten
2 TL feingeschnittener Bleichsellerie
je 1 Prise Estragon, Basilikum und Kerbel
2-3 EL frisch geriebenes Brot
200 g weiche Butter
je 1 Spritzer Tabasco und Worcestershiresauce
Anchovispaste
24 Austern (tiefe Sorte)
grobes Salz

Austern Rockefeller

Zubereitung

Den Spinat, die Salatblätter, die Schalotten, den Bleichsellerie und die Kräuter im Blitzhacker oder im Mixer sehr fein zerkleinern. In einer Schüssel mit dem Brot, der Butter, Tabasco und Worcestersauce zu einer glatten Paste verarbeiten. Mit etwas Anchovispaste würzen.

Die Austern öffnen, säubern und aus den Schalen lösen. Die tiefen Schalenteile gründlich säubern und trocknen. In jede Schale eine Auster setzen. Den Backofen auf 220°C vorheizen. Ein Backblech dick mit groben Salz bedecken. Die Austern in das Salz drücken, im Backofen etwa zwei Minuten backen und wieder herausnehmen. Auf jede Auster einen Eßlöffel der Buttermischung geben. Die Austern im Backofen weitere sechs bis acht Minuten überbacken.

über die Auster

„Man sollte Meerwasser
trinken, darin baden und alle
Dinge essen, in denen seine
wohltuende Wirkung
konzentriert ist."

Die Auster historisch
Who is who im Schlaraffenland.
Die Leidenschaft begann schon in der Steinzeit.

Der englische Schriftsteller Lewis Carroll beschrieb 1871 in seinem Roman „Alice hinter den Spiegeln" genüßlich, wie sich das Walroß und der Zimmermann mit einer unkontrollierten Gier über eine Gesellschaft armer Austern hermachten und das ungehobelte Walroß noch dazu ausdrücklich nach einer Portion Ketchup verlangt. Der Österreicher Johann Nestroy erwähnt in seinen Werken oft das „Austerng'wölb", womit er auf die Schwächen der feinen Gesellschaft anspielt, die gern in diesem Wiener Lokal haltlos Austern zu schlemmen pflegten. Heinrich Heine schrieb in „Deutschland, ein Wintermärchen": „Ich danke dem Schöpfer in der Höh', der durch sein großes Werde die Auster geschaffen in der See. Und den Rheinwein auf der Erde! Der auch Zitronen wachsen ließ, die Austern zu betauen – nun laß mich, Vater, diese Nacht, das Essen gut verdauen!"

Auch unter den Frauen gab es immer schon begeisterte Austern-Kennerinnen. Caroline Schelling wünschte sich in einem Brief an ihre Freundin: „Wenn ich nur einmal einen Austernschmaus mit Euch halten könnte." Und beim Lieblingsmenü von Colette durften niemals Marennes Austern fehlen, weil sie so herrlich dem Gaumen schmeicheln.

Mythos Austern: Es ist faszinierend, wie sich seit Jahrtausenden Literaten und Gourmets mit der Königin des Meeres beschäftigen. Die ersten Austern muß es schon vor 7000 Jahren in der Steinzeit gegeben haben, wie prähistorische Muschelhaufen beweisen, die man zwischen Küchenabfällen in Dänemark gefunden hat. Damals galten sie vermutlich mehr als ein wichtiges Nahrungsmittel denn als eine Delikatesse.

Mit der Austernaufzucht begannen vor einigen tausend

DIE AUSTER HISTORISCH

Jean-François De Troy (1679-1752), Le Déjeuner d'huîtres (1735), Musée Condé, Chantilly; coll. Lauros-Giraudon

Jahren die Chinesen und Japaner. Die Jungmuscheln wurden von den natürlichen Bänken zu anderen, für die Aufzucht besser geeigneten Plätzen an Küstengebieten gebracht, wo sie gemästet wurden. Freilich ist das nicht mit der modernen Austernaufzucht von heute zu vergleichen.

Schalenreste von Austern wurden auch im antiken Hellas ausgegraben, besonders reichlich in Troja und Mykene. Lampsakos war im klassischen Griechenland als wichtiger Austernlieferant weit über die Grenzen der Halbinsel bekannt. In der Überlieferung tauchen immer wieder schier unglaubliche Geschichten auf.

Hier eine kleine Kostprobe großer Namen, die sich wie ein Who is Who im Schlaraffenland liest. Deutlich ist dabei zu erkennen: Einerlei, ob es sich um Aristoteles, Nero, Napoleon oder einen Preußenkönig handelt: War ein hohes Haupt erst einmal der Auster verfallen, dann krönte es seine Leidenschaft mit Angeberei und versuchte mit der Angabe von Stückzahlen – von 300 bis 1000 Stück – jeden „Mitbewerber" zu überbieten oder kümmerte sich um die Rettung oder den Ausbau der Austernzucht.

12 n. Chr.: Bei den Römern soll Kaiser Vitellius während eines Mahles im Stande gewesen sein, 1000 Austern zu verschlucken. Ein bißchen später, 37 n. Chr., feierte Kaiser Nero wahre Austern-Orgien, die seinen Gästen wochenlang Gesprächsstoff lieferten. Allerdings soll er die Austern nicht nature genossen haben, sondern sie mit „garum" übergossen haben, einer Sauce, die aus Fischabfällen und Salzlake bestand.

Waren im Mittelalter die Austern kaum gefragt, so nahm zu Beginn der Neuzeit auch eine neue Austern-Ära ihren Anfang.

Der Sonnenkönig Ludwig XIV. machte die in Frankreich in Verruf geratene Auster wieder salonfähig und soll 1655 vor seiner Hochzeitsnacht mit Maria Theresia von Spanien 400 Austern verspeist haben. Maria Theresia ekelte sich vor dieser Köstlichkeit. Anders als die Frau des Sonnenkönig-Urenkels, Ludwig XV. Diese soll 300 Stück verschlungen, aber danach über heftige Unpäßlichkeit geklagt haben.

Napoléon III. war ein begeisterter Austernesser und gab einen Austernerlaß heraus, weil die französischen Austernbänke, die sich wie ein Ring um die Küsten Galliens gebildet hatten, durch Überfischung kurz vor der Zerstörung waren. Er ließ 1858 die ersten Austernzuchtparks anlegen, die als Wegbereiter der europäischen Austernkultivierung gelten. Auch 1871 im britischen Exil ließ sich Napoléon seine verehrte Leib- und Magenspeise reichlich auftischen. Sein Onkel, Napoléon Bonaparte, sonst kein Kostverächter, verschmähte die Austern allerdings.

Auch der sonst nicht zur Prahlerei neigende Preußenkönig Friedrich Wilhelm schmückte sich gern mit der Äußerung, mindestens 100 Austern innerhalb kürzester Zeit verzehren zu können. Gegen Ende des 18. Jahrhunderts war ein Frühstück ohne Austern nicht salonfähig.

Im Laufe von Jahrtausenden wurden immer wieder neue Rezepte ausprobiert, um den Verzehr von Austern geschmacklich zu variieren.

Die Schale – der Mantel einer Diva

„Es gibt keine Farbe, die nicht irgendwann, irgendwo im Meer und am Himmel spielte. Davon nehmen sie sich eben, was sie brauchen." So beschrieb der Künstler Ernst Petzold nach seinen geliebten, einsamen Strandwanderungen auf der Insel Sylt die Tönungen der Muscheln und meinte scherzhaft über die Austern, daß sie sich vielleicht deshalb so schlampig unordentliche Schalen leisten und keinen Wert auf ihr Äußeres legen, weil sie wissen, daß sie ein gesuchter Leckerbissen sind.

Das könnte wirklich eine Allüre der Diva des Meeres sein. Denn wie eine Diva, was die Göttliche bedeutet, benimmt sich auch die Auster. Sie strahlt eine spürbare Unnahbarkeit aus, ist hautnah und sinnlich und doch unerreichbar kühl. Die Farbschöpfungen ihrer Schale entsprechen immer der Umgebung, wo sie zu Hause ist, und können von Rot oder Braun über Grün und Gelb bis hin zu Grau oder Violett reichen.

In ihrer Muschelfamilie hat sie jedenfalls den Ruf einer Primadonna. Zusammen mit Schnecken und Tintenfischen gehört sie zu den cirka 100 000 Arten zählenden Mollusken (Weichtiere).

Die Auster besitzt zwei Schalenhälften und wohnt gleichsam in einem Flachdach-Bungalow. Die eine Schale ist gewölbt. In ihr ruht der Körper des Tieres. Die andere ist flach und bildet das Dach des Muschelhauses.

Beide Schalenhälften sind durch ein Scharnier verbunden. Dieses muß beim Öffnen der Auster durchtrennt werden, genau wie der Schließmuskel, der von zwei unterschiedlichen Muskeln gebildet wird.

Bei Gefahr kann die Auster ihre Schalen mit dem einen blitzschnell schließen. Der andere ist für das Geschlossenhalten der schützenden Hülle zuständig.

DIE SCHALE – DER MANTEL EINER DIVA

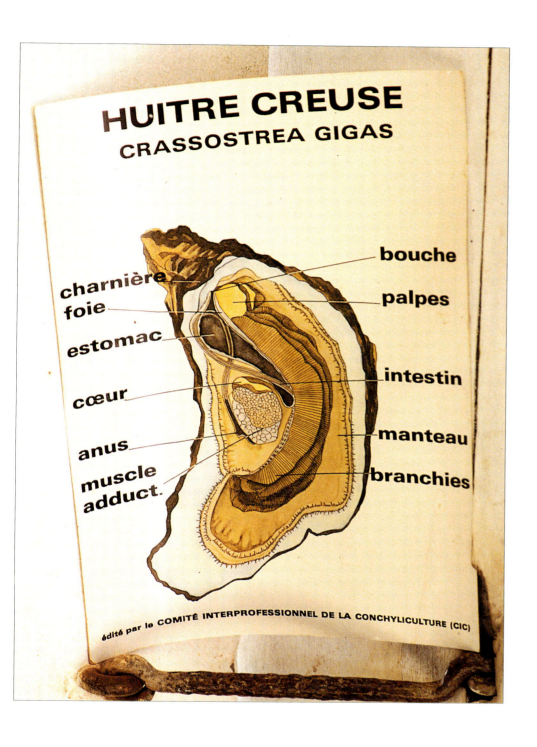

charnière – Scharnier
foie – Leber
cœur – Herz
estomac – Magen
anus – After
muscle adduct. – Schließmuskel

bouche – Mund
paples – Papillen
intestin – Darm
manteau – Mantel
branchies – Kiemen

Die Schalenhälften sind normalerweise auseinandergeklappt. Wenn das Tier krank ist, fehlt ihm die Kraft, die Schalen zu schließen, bzw. längere Zeit fest geschlossen zu halten.

Für den Aufbau der aus Kalk schichtweise gebildeten Hülle ist der sogenannte Mantel zuständig, eine den Körper des Tieres einhüllende Hautfalte. Diese ist mit winzigen Papillen übersät, die als eine Art Alarmanlage fungieren und sich zusammenziehen, wenn man bei geöffneter Muschel mit dem Finger oder einem spitzen Gegenstand dagegenstößt.

In der Mantelhöhle sind die Kiemen gelagert, die nicht nur für die Atmung, sondern durch das Ansaugen des Wassers auch für die Nahrungsaufnahme, vornehmlich Plankton und Kleinstalgen, von Bedeutung sind. Ein verhältnismäßig langer Darm endet in einem After, der in der Nähe des Schließmuskels zu finden ist. Für die Blutzirkulation sorgen Herz und Blutgefäße. Einen Fuß, den man bei den jungen Larven noch sehen kann, wird man bei der erwachsenen Auster vergeblich suchen, denn wenn sich die Larve an einer geeigneten Stelle niedergelassen hat, bildet sich der Fuß zurück.

Gesundheit aus der Silberschale

„Man sollte Meerwasser trinken, darin baden und alle Dinge essen, in denen seine wohltuende Wirkung konzentriert ist."

Aus dem Munde des Engländers Russel, dem Erfinder der Thalassotherapie, kam bereits 1750 diese Empfehlung. Gerade die Auster birgt alle diätetischen Elemente in sich, die der Ozean als eine der wertvollsten Quellen unserer Ernährung aufweist. Die Auster enthält hochwertiges, ausgewogenes Eiweiß, das zudem alle Aminosäuren liefert, die der Organismus braucht.

Sie enthält doppelt so viel Eisen wie dunkles Fleisch und ist eine richtige Vitaminbombe. Austernschlürfen bedeutet Schlemmen ohne Reue: 100 Gramm Austernfleisch haben nur 71,1 Kilokalorien. Der Mensch könnte sich lange Zeit nur von Austern ernähren und hätte damit seinen Nährstoffbedarf abgedeckt.

Die Auster ist also ein richtiger Gesundbrunnen, aus dem wir Menschen dankbar trinken und genießen sollten. Jeder, der Austern oder Milch zu sich nimmt, schöpft daraus.

In seinem Buch „Les huîtres. Biologie - culture" stellt G. Ranson fest, daß die Auster – vergleichbar mit der Milch – das vollkommene Nahrungsmittel sei, eben: „l'aliment complet". Beide Produkte enthalten all jene wichtigen Nährstoffe, die der Mensch zum Überleben benötigt.

Zum Vergleich:

	Auster	Milch
Wasser	83 %	87 %
Eiweiß	9 %	3 %
Kohlenhydrate	4,8 %	5 %
Fette	2 %	4 %
Mineralsalze	1-2 %	0,7 %

Steckbrief

Gewöhnlicher Name	Auster
Wissenschaftlicher Name	griechisch Oestéon (Knochen, wegen der harten Schale), Ostrea Edulis (flache), Crassostrea Gigas (tiefe)
Gattung	zweischaliges Weichtier
Geschlecht	Zwitter (Hermaphrodit)
Zuchtgebiete	Frankreich, Japan, Irland, England, USA, Niederlande, Deutschland, Belgien
Beginn der Austernzucht	100 v. Chr. von den Römern eingeführt
Alter	nach drei bis vier Jahren Zucht zum Verzehr geeignet
Fortpflanzung	20 bis 100 Millionen Eier je Gelege bei der tiefen Auster, 500 000 bis 1,5 Millionen Eier bei der flachen, nur jede 10. Auster wird jeweils überleben.
Gewicht	20 bis 100 g und mehr für die flache Auster, 30 bis 100 g und mehr für die tiefe

Kalorien	71,1 kcal pro 100 g
Vitamine	A, B_1, B_2, B_6, B_9, PP, C, E, D
Mineralstoffe	Kalzium, Magnesium, Zink, Eisen, Jod, Phosphat
Zusammensetzung	83% Wasser, 9% Eiweiß, 4,8% Kohlenhydrate, 1,2% Fette
Fleischgeschmack	mild, nussig
Morphologie	rund bei der flachen, oval bei der tiefen Auster. Die Schale ist glatt bis rauh, die Farbe grauweißlich bis grünlich.
natürliche Feinde	Seesterne, Rochen, Kraken, Algen
Freunde	Gourmets

Im Volksmund wird der Ausspruch „Fett wie eine Auster" gerne verwendet, trifft aber just auf sie selbst nicht zu. Im Gegenteil. Eine Auster kann dick sein, macht aber nicht dick!

Dieser bildliche Ausdruck ist auf das milchige Aussehen der Auster während ihrer Fortpflanzungsphasen zurückzuführen. Dann nämlich enthält die Auster jede Menge Kohlenhydrate, wie zum Beispiel Glykogen, das kein Fett ist!

Wer acht (mittelgroße) Austern schlürft, hat nur 100 Kalorien zu sich genommen. Wenn man sich das vorstellt, wird der Genuß noch größer! Man muß zugeben, daß auch andere Delikatessen aus dem Meer, wie der Hummer oder die Garnele, nicht dick machen, wenn nur die köstlichen und feinen Saucen dazu nicht wären!

Da der Gourmet die Auster häufig „nature" verschmaust, braucht er keine Angst vor Kalorien zu haben. Außerdem nimmt er Nährstoffe und Vitamine „pur" zu sich, da keine der lebenswichtigen Substanzen beim Kochen dezimiert werden.

Es ist wirklich unglaublich, welche Power in diesem kleinen Schalentier (zwischen vier und acht Zentimeter groß) steckt. Bevor Sie das nächsten Mal zur Pillendose greifen, lesen Sie sich lieber den „Beipackzettel" zur Auster nochmals gründlich durch. Und das Schöne: Es gibt keine Risiken und Nebenwirkungen.

Jedenfalls keine unerfreulichen. Die Auster ist schnell verdaulich und gut für Magen und Darm. Ihr Verzehr bereitet Genuß und macht zufrieden.

Ein Freund von mir schwört auf die Auster als Medizin: „Ab dem Herbst, wenn die ersten naßkalten Tage angesagt sind, esse ich sehr bewußt mindestens einmal wöchentlich 24 Austern. Ich war in den letzten Jahren nie richtig erkältet, deshalb glaube ich, daß sie mein Immunsystem stärkt."

Natürlich ist die Auster kein medizinisches Allheilmittel, aber durch die großartige Zusammensetzung ihrer

GESUNDHEIT AUS DER SILBERSCHALE

Nährstoffe, kann sie mit ihrer Heilkraft doch gegen eine ganze Palette von Krankheiten wirken: Blutarmut (Anämie), Jodmangel, Lebererkrankungen, Rachitis.

Austernfleisch enthält doppelt so viel Eisen wie dunkles Fleisch. Eisen ist wichtig für Frauen in der Schwangerschaft und Kinder im Wachstum.

Obwohl hauptsächlich Orangen und Zitronen den Ruf von Vitamin-C-Bomben haben, kann auch die Auster in dieser Beziehung gut mithalten. Ihr Vitamin-C-Gehalt beugt nicht nur der Mangelerscheinung Skorbut vor, sondern spielt auch eine wichtige Rolle beim Kollagenaufbau.

Vitamin A und das rachitisvorbeugende Vitamin D zählen ebenfalls zu den wertvollen Komponenten der Auster. Diese sind unter anderem für eine schöne Haut verantwortlich und für die Kräftigung des Sehvermögens – besonders bei Nacht. Fischer schwören auf die Heilkraft der Auster bei Augenkrankheiten.

All diese Kostbarkeiten der Gesundheit kann uns allerdings nur eine gesunde Auster liefern. Deshalb sollten wir die zeitaufwendige und mühsame Arbeit der Austernfischer doppelt zu schätzen wissen.

Die Auster als Medizin können wir das ganze Jahr über genießen, denn wahre Kenner schenken der Legende der Monate mit „r" keine Beachtung mehr. Austern sind auch von Mai bis August ein wahrer Genuß. Wenn sie „milchig" sind, so befinden sie sich in einer Phase der Fortpflanzung. Ihr sämiges Aussehen ist daher ein Zeichen ihrer Vitalität und Fruchtbarkeit.

So gesund eine Auster auch ist, so krank kann sie machen, wenn sie nicht frisch auf den Tisch kommt. Deshalb hat die Auster ein eigenes Verpackungssystem ausgeklügelt:

Sie konserviert ihre wertvollen Bestandteile in ihrer Schale, die sie im Freien vor Angriffen der Außenwelt schützt. Durch das enthaltene Meerwasser bleibt die Auster etwa zehn Tage nach dem Fang frisch. Deshalb ist es unerläßlich, sicherzustellen, daß das Schatzkästchen gut versiegelt zu Ihnen geliefert wird. Jeder Züchter ist verpflichtet, einen Gütevermerk auf dem Verpackungsmaterial (Lattenkiste oder Korb) mit dem Abpackdatum anzubringen, das die Frische und Qualität bescheinigt. Dieser Vermerk ist der Beweis, daß alle Tests und Gesundheitskontrollen von staatlich anerkannten Einrichtungen durchgeführt wurden.

Die Auster kulinarisch

Der Verehrer weiß, daß es der Auster gelingt, ihm das Gefühl des guten Geschmacks zu bescheren. Der Ahnungslose empfindet nichts und kann der Auster deshalb keinen eindeutigen Geschmack bescheinigen. Womit wir beim Thema sind.

Wie oder wonach schmeckt eine Auster?

Ein Freund: „Wer den Zauber der Austern kennenlernen möchte, stellt sich für ein Viertelstündchen an ein beliebiges Hafenbecken am Atlantik. Tief einatmen, Luft anhalten, andächtig im Gaumen forschen. Richtig, die Luft schmeckt nach Auster."

Warum vermag eigentlich erst die Beschreibung, wonach etwas schmeckt, die Tatsache zu rechtfertigen, daß es schmeckt?

Austernkenner nehmen es gelassen zur Kenntnis, wenn der Auster eine gewisse „Geschmacklosigkeit" zugeschrieben wird. Lieber echauffieren sie sich über allzu protzerische Austernschlürfer und versuchen sie mit Sätzen wie diesem zu schocken: „Wissen Sie eigentlich, daß Sie eben das frischeste aller Tiere verschlungen haben? Die Auster lebt nämlich noch, wenn..."

Mit missionarischem Eifer zelebrieren sie dann den Frischetest an der nächsten Auster: „Tröpfeln Sie ein paar Spritzer Zitrone auf die Auster. Wenn sie zusammenzuckt, können sie die Auster unbedenklich schlucken. Sie lebt noch und ist hundertprozentig frisch."

Nach dem Motto: „Jedem Tierchen sein Pläsierchen" erfreuen sie sich dann an der vorprogrammierten Malaise. Dieser Frischetest ist allerdings für den Gourmet wirklich überlebenswichtig. Denn eine alte oder tote Auster kann einen Menschen vergiften.

Aber schöpfen wir lieber weiter aus dem prallen Leben. Schon Casanova soll jeden Abend mindestens 50 Austern verschlungen haben.

Seit Jahrhunderten erzählt man sich – von China bis Irland, quer durch die ganze Welt –, daß Austern nicht nur geschmacklich Lebensfreude bieten, sondern auch Lebensgeister aller Art wecken.

Ob die Auster nun ein wirkungsvolles Aphrodisiakum (nach der Göttin Aphrodite so genannt), also ein Mittel zur Anregung und Steigerung der Lust und der Potenz ist, mag jeder empfinden, wie er es für richtig hält. Denn der Glaube macht stark, ob Aberglaube, Suggestion oder Legende.

Auf jeden Fall ist wissenschaftlich erwiesen, daß im Austernfleisch keine Stoffe enthalten sind, die man nicht auch in anderen Nahrungsmitteln finden könnte. Vielleicht macht es die geballte Zusammensetzung... oder eben das unergründliche Zusammenspiel zwischen Seele und Körper.

Ist es nun eine Gewissens-, Geschmacks- oder Geldfrage, wieviele Austern sich der Gourmet kommen lassen soll? Ich würde sagen, von jedem ein bißchen. Als goldene Faustregel aber kann man gelten lassen, daß ein halbes oder ein ganzes Dutzend Austern reicht, wenn sie als Vorspeise serviert werden. Manche finden sechs Stück zu wenig, zwölf Stück zu viel und wählen mit neun Exemplaren die salomonische Mitte, was ich allerdings als krumme

Zahl ansehe. Ich bleibe bei meiner Bestellung lieber im Sechser-Rhythmus.

Als Hauptgericht dürfen es auch 18 oder gar 24 Stück sein. Es gilt als unschicklich und fast vulgär, mehr zu bestellen. Bei meinen Recherchen traf ich interessanterweise immer wieder auf Männer, die stolz von 40, 50 „erlegten" Austern erzählten. Aber wer mag einem Gourmet schon diesen Wettbewerb verübeln, den er – vielleicht in Erinnerung schwelgend – zusammen mit Freunden und jeder Menge Champagner zelebriert?

Austerngenuß nur in den Monaten mit „r"?

Wer in Monaten ohne „r" auf Austern verzichtet, hat selber Schuld und sitzt einem ganz, ganz alten Vorurteil auf. Sie können das ganze Jahr verzehrt werden, zumal auch außereuropäische Exemplare bei uns erhältlich sind und der Transport – zum Beispiel aus Japan – kein Problem ist.

Wenn ein Feinschmecker-Restaurant nun tatsächlich mal im September das Schild „Täglich frische Austern" aus dem Schaufenster nimmt, dann dauert das höchstens vier Wochen, weil die Qualität der dann erhältlichen europäischen Tiere nicht erstklassig ist. Sie schmecken fade und sind nicht prall genug, weil sie von ihrer Fortpflanzungsphase in den warmen Sommermonaten total geschwächt sind. Ab Mitte Oktober/November steigert sich die Austernqualität von Monat zu Monat und erreicht im Mai ihren absoluten Höhepunkt.

Als Austernhochsaison gilt hierzulande übrigens die Zeit um Weihnachten. Im Dezember '93 und Januar '94 wurden in Deutschland mehr als 50 Prozent der gesamten Austernimporte verschlürft (das sind fast 300 Tonnen).

KULINARISCH

Bitte nicht in Vivarien

Da Austern nach Meer schmecken, ist es klar, daß sie den Geschmack des Wassers annehmen, in dem sie sich befinden. Deshalb sollten Sie Austern, die manchmal in den Vivarien einiger Restaurants zu finden sind, nicht essen. Sie sind zwar genießbar, aber keine Delikatesse mehr, weil sie den warmen Wassergeschmack angenommen haben, der den Vivarien eigen ist. Außerdem befinden sie sich hier in Gesellschaft von Hummern, Langusten und Krebsen, die ihnen ihren Eigengeschmack aufdrängen.

Der volle Geschmack

Wenn Sie eine Meeresfrüchte-Platte bestellen, auf der Austern nicht fehlen dürfen, greifen Sie zuerst zu diesen, da sie den feinsten Geschmack haben, der sich nach dem Genuß von Hummer & Co. nicht mehr voll entfalten kann.

Meeresfrüchteplatte
Plateau de fruits de mer

Zubereitung:

Aus Wurzelgemüse und Aromaten einen Sud herstellen. Darin nacheinander die Taschenkrebse (15 Minuten), die Langustinen (zwei Minuten), die Bigorneaux (15 Minuten) und Bulots (40 Minuten) garen, dann auskühlen. Alle anderen Meeresfrüchte öffnen; auf Eis und Algen anrichten. Dazu Mayonnaise, Roggenbrot, Butter und Zitrone servieren.
   Als Zubehör dienen Hummergabeln, Zangen, Stecknadeln, Austernmesser und Austerngabel.

Zutaten:

(für 4 Personen)

2 Taschenkrebse
24 Fines de Claires
12 Imperial
500 g Bigorneaux (gemeine Strandschnecken)
500 g Bulots (Wellhornschnecken)
12 Amandes de mer (Muscheln)
24 Venusmuscheln
6 Clams (Muscheln)
8 Bouquets (Garnelen)
4 Langustinen (Seekrebse)
4 Oursins (Seeigel)
200 g Crevettes grises (Nordseekrabben)
2 Zitronen, Algen

PLATEAU DE FRUITS DE MER

MEERESFRÜCHTEPLATTE

DAS ÖFFNEN DER AUSTER

Das Öffnen der Auster

„Was verschlossen ist wie eine Auster, läßt sich nicht leicht knacken..."

1.
Verwenden Sie zum Öffnen ein spezielles Austernmesser. Es ist mit einer kurzen Klinge in einem Schild ausgestattet, der vor Verletzungen beim Abrutschen der Hand schützt. Legen Sie zur Sicherheit ein Küchentuch auf die Hand. Darauf kommt nun die Auster, die tiefe Schale muß unten liegen und das spitze Ende nach innen zeigen.

DAS ÖFFNEN DER AUSTER

2.
Jetzt das Messer an der dicksten Seite der Auster, am Schließmuskel ansetzen. Dann schieben Sie das Messer zwischen die beiden Schalenhälften, wobei Sie den Muskel durchtrennen. Die Auster immer gerade halten, damit das kostbare Wasser nicht verschüttet wird.

3.
Mit einer kurzen Drehbewegung heben Sie nun die obere Schale ab und fahren mit dem Messer unterhalb der flachen Schale entlang, um das Austernfleisch zu lösen. Abgebrochene Splitter entfernen, niemals aber das Wasser.

WERKZEUGE

Austernguillotine

Austernwerkzeuge

Es hat schon was: Das Austernöffnen ganz lässig von einem Fischer beigebracht zu bekommen, im Hintergrund das wilde Rauschen des Atlantik, und vor einem stehen große Weidenkörbe mit Eiswürfeln, in denen die Früchte des Meeres direkt zum Marktplatz getragen werden. Da es diese Gelegenheit aber seltener gibt, als man denkt, muß man sich schon etwas einfallen lassen, um einen Austernfreund erfreuen zu können. Wie wär's mit einem Austernmesser?

Als ich eines veschenken wollte, war ich über die breite Palette von Angeboten überrascht. In einem Gastronomiebedarfsgeschäft wurden mir gut ein halbes Dutzend Messer vorgelegt, die sich nicht nur bei den Griffen unterschieden haben. Man sollte bei der Anschaffung nicht sparen, denn gutes Werkzeug erleichtert auch hier die Arbeit.

Mir persönlich gefällt am besten der Klassiker aus Frankreich. Das Messer ist mit einem normalen Messergriff (Edelstahl, Kunststoff oder Holz) und einer relativ kurzen Klinge versehen, die an einer Seite zum Durchtrennen des Austern-Schließmuskels eine scharfe Schneide besitzt (Preis von cirka 30 bis 280 Mark).

Ebenfalls im französischen Austernparadies wurde das „ouvre huître" kreiert. Es ist ein Gerät mit einem Dorn zum Aufbrechen der Auster und einem herausfahrbaren Messer, mit dem man anschließend den Muskel durchschneiden kann (Preis cirka 50 Mark).

Natürlich gibt es auch ein elektrisches Austernmesser, das im Kern aus einem Elektromotor mit Vibrator besteht. Die Austern werden mit einer Art Ultraschall aufgebrochen (Preis cirka 150 Mark).

Im Londoner Austernmuseum sind übrigens auch historische Messer ausgestellt, die früher handgefertigt wurden, vergoldet, versilbert, mit kunstvoll geschnitzen Holzgriffen.

WEKZEUGE

Es gibt noch einige Hilfsinstrumente, um an das beliebte Austernfleisch zu gelangen, von denen ich Ihnen zwei nennen möchte: Die Austernzange und die Austernguillotine. Sie hören sich zwar nicht elegant an, werden aber wegen ihrer einfachen Handhabung für ungeübte Anfängerhände als ideal angepriesen.

Die Austernzange sieht aus wie eine Kombizange. Damit wird der Rand der Auster an einer Stelle abgeknackt, damit ein Loch entsteht. Hier kann man ein x-beliebiges Messer hineinschieben und den Schließmuskel durchtrennen. Diese Methode ist für den Hobby-Öffner ungefährlich, und es kommen garantiert keine Schalensplitter ins Austerninnere.

Die brutal klingende Austernguillotine hat ein hufeisenförmiges Lager, in das die Auster eingepaßt wird. Mit einem langen Hebel wird – ohne großem Kraftaufwand – ein messerartiger Dorn in die Auster hineingestoßen.

Essen und Trinken

Austern schlürfen und das passende Getränk

Austernfreunde sehen sich gerne als Pächter des guten Geschmacks und machen keinen Hehl daraus, daß jeder, der diese sagenhafte Delikatesse nicht richtig zu verspeisen weiß, in die finsterste Currywurst-Ecke verbannt werden sollte. Für immer.

Nun ist es beileibe kein intellektuelles Erlebnis, Austern zu genießen. Sehr wohl aber braucht man dafür eine kundige Hand.

Aber nicht jeder Mensch kommt als Franzose zur Welt und bekommt diese Kunst sozusagen mit in die Wiege gelegt. Aber wie, bitte, ist es nun wirklich richtig?

Ich empfehle die traditionelle, fast schlichteste aller Methoden – ein genußvolles Zelebrieren, bei dem der volle Geschmack der Auster unverfälscht zur Geltung kommt – Genuß Natur pur!

Erfreuen Sie sich zunächst an dem Anblick, wenn ein Dutzend Austern vor ihnen liegt. Denn schließlich ißt man ja auch mit den Augen.

Dann nehmen Sie die Auster in die linke (Linkshänder in die rechte) Hand, heben sie handbreit über den Teller und lösen mit zwei, drei Bewegungen mit der kleinen Austerngabel den kleinen Muskel von der Schale. Immer schön vorsichtig, damit das Wasser nicht verschüttet wird. Sie führen dann die Auster zügig-elegant in Richtung Mund...

...und haben zwei Möglichkeiten: Entweder Sie kauen das zarte Fleisch genüßlich und schlürfen das Wasser hinterher. Oder Sie schlürfen nicht minder genußvoll Wasser und Fleisch gleichzeitig.

Austern gelten im Rahmen eines feinen Essens als klassisches Hors d'œuvre und werden noch vor der Suppe gereicht.

AUSTERN ESSEN UND TRINKEN

Sie sind ein Genuß rund um die Uhr. Zum Frühstück, mittags, nachmittags, abends, nachts, im Vorbeigehen – sie sind einfach immer ein Erlebnis.

Unterschiedlich ist – jedenfalls für mich – nur die Wahl des passenden Getränkes, das den Austerngenuß erst richtig vollkommen macht.

Ich bevorzuge einen extra trockenen Champagner oder ein Glas herrlich gekühlten Chablis. In Frankreich trinkt, wer keinen Alkohol zu sich nehmen möchte, gekühltes Mineralwasser ohne Kohlensäure.

Gourmet-Päpste geben dem Corion-Charlemagne, Meursault, Muscadet, Chablis, Sancerre, auch einem Weißen Burgunder oder Grünen Veltiner oder einem trockenen Champagner, am besten einem Blanc de Blanc ohne Dosage, den Vorzug.

Egal, was sie dazu trinken, es steht fest, daß der Austernverzehr nicht der Völlerei dient. Wird damit die Sehnsucht aktiviert oder die Wollust? Oder beweist er, daß der Mensch das ursprüngliche Genießen der Gaben der Natur, doch nicht ganz verlernt hat?

Austern – eine ganz private Einladung

Wer seine Gäste zu Hause mit Austern überraschen möchte, sollte vorher das Kapitel über das richtige Öffnen der Schalentiere lesen und die Austern bereits geöffnet servieren.

Damit das Austernwasser nicht verschüttet wird, setzt man die Schalenhälften auf eine Unterlage. Dazu eignet sich eine spezielle Austernplatte mit Vertiefungen, die mit Eis und Algen dekoriert wird, damit die Austern nicht unterkühlt werden. Da die wenigsten aber eine solche Austernplatte im Hause haben, kann auch eine Glas-, Metall- oder Silberplatte genommen werden, die mit einer

Stoffserviette ausgelegt wird. Darauf wird gestoßenes Eis geschichtet (etwa drei Zentimeter hoch) und eine Lage Algen, auf welche die Schalenhälften gebettet werden. Das Austernfleisch liegt in der tieferen Schalenhälfte.

Wer es perfekt machen möchte: Ein Austerngedeck besteht aus einem Speiseteller (auf einem versilberten Platzteller), einer Austerngabel, einer Fingerschale, einer Pfeffermühle, einem Tellerchen für die Zitrone und einem für die Brotscheiben und einem Schälchen mit Vinaigrette zum dezenten Würzen.

Wie lange bleiben Austern frisch?

Bewahren Sie die kostbare Delikatesse an einem kühlen und luftigen Ort auf, der – je nach Jahreszeit – vor Frost bzw. Sonne geschützt ist. Zum Beispiel im Winter auf dem Balkon oder im Keller. Im Sommer im Gemüsefach ihres Kühlschranks. Wichtig: immer mit der tieferen Schale nach unten legen. Richtig temperiert gelagert sind Austern bei ein bis sieben Grad. Sie halten sich bis zu zehn Tagen nach dem auf dem Etikett vermerkten Abpackdatum – dann müssen sie verzehrt werden. Nur eine fest verschlossene Schale ist die Garantie dafür, daß die Auster lebt und gesund ist. Denn das in der Schalenhülle gespeicherte Naß ist ihr Lebenselixier. Der berühmteste Feinschmecker des Altertums, Apicius, hatte ein Geheimrezept, um Austern über drei Monate frisch zu halten. Leider ging es im Laufe der Geschichte verloren – der Gelehrte mit der feinen Zunge wäre mit diesem Patent reich geworden.

Wenn die Auster geöffnet vor Ihnen liegt und Sie ganz sicher gehen wollen, machen Sie den Riech- oder diesen Frischetest: ein paar Spritzer Zitronensaft auf das Fleisch. Die Säure löst einen Reflex aus, der sogenannte „Bart" zieht sich zusammen. Das gleiche können Sie erzielen, wenn Sie den Bart leicht mit der Gabel berühren. In beiden Fällen muß die Auster zusammenzucken – wenn nicht, dann bitte sofort in den Mülleimer.

Austernsorten

Die tiefe Auster

*Tiefe Auster,
Crassostrea angulata,
Portugiesische Auster*

Portugiesische Auster, mit starkem Milchanteil

PORTUGIESISCHE AUSTER
lat. Crassostrea angulata
franz. huître creuse, huître Portugaise, Portugaise.
engl. Portuguese cupped oyster

Ihre Schale ist wild und zerklüftet und sie ist länglicher als ihre flache Schwester. Auch wenn sie noch dazu preisgünstiger ist, so steht sie ihr doch in der Qualität um nichts nach. Der französische Austernexperte Jacques Frugier betont: „Es gibt Austernliebhaber, die genau diesen herben Geschmack der Auster bevorzugen. Der äußere Unterschied und die Preisdifferenz haben lediglich etwas mit den Herstellungsverfahren zu tun."

Die Portugiesische Auster war bis zum Beginn der 60er Jahre die einzige in Europa heimische tiefe Austerngattung.

Dieses Monopol mußte sie allerdings aufgeben, als die Pazifische Felsenauster (Crassostrea gigas), die ihren Ursprung an der japanischen Küste hat, importiert wurde und seitdem die absolute Nummer eins ist. Allerdings kann der Laie den Unterschied zwischen den beiden Austerngattungen nicht erkennen und auch in Frankreich kann es passieren, daß die Pazifische Auster als „Portugaise" bezeichnet wird.

Jacques Frugier erklärt kurz die Unterschiede der tiefen zur flachen Auster (Ostrea edulis):
- Sie ist robuster, wächst schneller und braucht weniger salzhaltiges Wasser.
- Sie schmeckt viel herber nach Meer, nach Jod und Salz.
- Sie wird von einer tiefen und rauhen Schale geschützt, deren Farben zwischen Grau, Braun und Grün spielen.
- Sie wird im Gegensatz zur flachen Auster nicht nach dem Herkunftsort, sondern nach ihrer Zuchtmethode benannt. In Deutschland sind die „Fines de Claires" bekannt und beliebt.
- Sie ist günstiger im Preis. Das wird sich allerdings in den

nächsten Jahren bei der echten Portugiesin ändern, da sie seltener wird.

Hier Kostproben aus der Familie der „Portugiesischen Felsenaustern":

HUÎTRES DE PARC
Sie schmecken gut, aber grob, weil sie unbehandelt, also ohne diverse Verfeinerungsmethoden, direkt aus den „Austernparks" der französischen Atlantikküste in den Handel kommen, und werden in der Hierarchie der Portugaises auf der untersten Stufe angesiedelt.

CLAIRES
In den „claires" (Klärteichen), vor allem in Marennes und auf den Inseln Oléron und Ré gemästete Austern. Da sie sich – wie die flache Auster der Marennes – genau von der gleichen Kieselalge ernähren, ist beiden eine spezielle Grünfärbung eigen.

FINES DE CLAIRES
Es ist Vorschrift, daß in den Klärteichen nur eine kleine Zahl von Austern pro Quadratmeter nebeneinander liegen darf. Je weniger Mitesser, desto mehr bleibt den einzelnen Tierchen zu fressen, und sie können besser wachsen. Außerdem bleiben sie länger im Bassin und können deshalb mehr von jener Alge naschen, die ihnen ihren knackigen Nußgeschmack und eine intensivere Grünfärbung verleiht.

SPÉCIALES DE CLAIRES
Die ganz feine Art, die portugiesische Auster zu genießen. Sie bekommen sozusagen eine Bassin-Suite zur Verfügung gestellt, haben darin ganz viel Platz und dürfen noch länger trinken, fressen und abwarten, bis sie zunehmen, als ihre „einfachen Fines de Claires-Schwestern". Diese Muße macht sie schön vollfleischig, verleiht ihnen eine herrlich grüne Farbe und einen ganz feinen Nußgeschmack. Diese Zuchtmethode ist sehr aufwendig, deshalb sind die Spéciales de Claires die teuersten unter den Austerngerichten.

AUSTERNSORTEN

Crassostrea gigas, Pazifische Auster

Pazifische Auster, cirka 5 Jahre alt. Deutlich sichtbar ist die starke Wölbung.

PAZIFISCHE AUSTER
lat. Crassostrea gigas
franz. Huître creuse du Pacific
engl. Japanese oyster, Pacific king oyster, Pacific cupped oyster

Sie entwickelt sich schnell und wird oft „Riesenauster" genannt, da sie bis zu 30 Zentimeter lang werden kann. Ab einer gewissen Größe geht sie nicht mehr in die Länge, dafür aber in die Breite. Das gibt ihrem Erscheinungsbild eine stärkere Wölbung, als sie die Portugiesin aufweisen kann. Ansonsten sehen sich die beiden Austerngattungen sehr ähnlich.

Die Pazifische Felsenauster stammt von der japanischen Küste und den Gestaden des Chinesischen Meeres. In Japan werden vier Varianten gezüchtet.

Marktführend ist die Miyagi Auster, deren Nachkommen auch in Europa erhältlich sind. Dann werden noch die Hokkaido, die Hiroshima und die Kumamoto Auster angeboten.

Die bei uns angebotenen Gigas kommen meistens aus Frankreich und tragen ebenfalls den Namen der Zuchtmethode. Anders ist es bei der Friesen-Auster, die nach ihrer Herkunft benannt wird. Diese deutsche Gigas hat eine weiße Fleischfarbe, mundet – im Gegensatz zur Fine de Claires – cremiger und hinterläßt einen fast süßlichen Geschmack auf der Zunge. Leider ist sie noch selten und deshalb teuer. An der Nord- und Ostseeküste wird versucht, wieder an eine traditionelle und ertragreiche Austernaufzucht anzuknüpfen.

AMERIKANISCHE AUSTER
lat. Crassostrea virginica
franz. Huître creuse americaine,
engl. Eastern oyster,
Atlantic oyster, American cupped oyster

Die runde Amerikanerin wird meistens als „Virginische Auster" bezeichnet und wächst an der Ostküste (Atlantikküste) der Vereinigten Staaten. Sie ist in der Form und Fleischfarbe (nicht aber im Geschmack) der flachen

Europäischen Auster sehr ähnlich. Wie bei dieser gilt: Austern heißen wie ihre Herkunftsorte. So gibt es die Blue Points (von Long Island), die Cape Cods, die Kent Islands, die Apalachicola und die Chincoteagues.

Die flache Auster

EUROPÄISCHE AUSTER
lat. Ostrea edulis
franz. huître plate,
engl. flat oyster, plat oyster, common oyster

Der Franzose sagt „huître plate", der Engländer „flat oyster" – und beide denken dabei nur an sie: an die flache, sympathisch gerundete Auster, die zwischen fünf und zwölf Zentimeter groß wird. Aber sie haben unterschiedliche Arten, diese Delikatesse zu genießen: Der Franzose schlürft das beige- oder sandfarbene Fleisch und das kostbare Wasser direkt aus der Schale, der Engländer schüttet das Naß hin und wieder weg und löst das Fleisch mit einer Austerngabel aus der Schale. Außerdem steht die Engländerin *Colchester* mit der Französin *Belon* in heftiger, geschmacklicher Konkurrenz.

Die flache Auster wirkt sehr edel und ist im Geschmack besonders mild. Dafür ist sie im Preis heftiger als ihre tiefe Schwester. Was seine Erklärung darin findet, daß es – selbst in Frankreich – eine bescheidenere Ernte gibt. Die flache Auster ist eben sehr sensibel und viel weniger widerstandsfähig als die tiefe.

Das Äußere: Ihre Schale ist schön geformt und hat nur ein paar Furchen. Die Farben sind von der Umgebung abhängig, in der sie aufwächst, und nach diesen Gegenden trägt sie auch ihren stolzen Namen. Deshalb ähnelt die Beschreibung dieser Austern einer Reise über die Landkarte. Sie beginnt in Frankreich und führt auch nach Skandinavien und Irland.

Hier eine Kostprobe:
Aus der Bretagne kommen die *Belons*, die für eine

AUSTERNSORTEN

Crassostrea edulis, Europäische Auster, hier die „Belon"

gourmetanische Zunge als Himmel auf Erden gelten. Tatsächlich sind sie die absolute Elite unter allen Austernsorten. Der ausgeprägte Nußgeschmack ist einmalig, sie sind vollfleischig und schmecken kaum salzig. Die Austern haben den kleinen Ort in Frankreich weltberühmt gemacht.

Das gilt ebenso für die *Marennes*, die man auch „Grüne Auster" (huîtres vertes) nennt und deren besonderen Geschmack man international schätzt. Ihre grüne Farbe haben sie Kieselalgen (Navicula-Alge) zu verdanken, mit denen sie gefüttert werden.

Die *Gravettes* (d'Arcachon) wachsen und gedeihen in der Gegend um Arcachon.

Die *Bouzigues* werden als allerbeste Mittelmeeraustern bezeichnet, und wer jemals in Nizza oder direkt in den Restaurants und an den Verkaufsständen des kleinen Dorfes Bouzigue Austern geschlürft hat, weiß, daß das keine Untertreibung ist. Sie werden auch „côtes bleues" genannt und im Bassin von Thau im Departement Herault gezüchtet und aufgezogen.

Auch die *Imperiales* (Zeelandes) aus den Niederlanden sind unter deutschen Kennern ein Begriff. Sie sind besonders groß und ihr weißes Fleisch hebt sie in die absolute Austern-First-Class.

Die *Limfjords* kommen aus Dänemark und sind auch an den Küsten der übrigen skandinavischen Länder zu ernten.

Die *Oostendes* aus Belgien sind eine äußerst kleine Austernsorte.

Als echte Konkurrenz für die Belons werden die *Colchesters* aus England angesehen, die nördlich der Themsemündung gedeihen.

Ebenfalls dort zu Hause sind die *Whitstables*, die wegen ihres zarten Nußgeschmacks ein Begriff sind. Alle in der Themsemündung beheimateten Austern werden auch als Natives oder Native Oysters beschrieben.

Nicht jedermanns Geschmack sind die *Helfords*, die zwar mild, aber auch leicht metallisch schmecken.

Der saubere irische Ozean, aus dem die *Galways* stammen, macht diese flachen Austern zu den reinsten der Welt.

AUSTERNSORTEN

WESTAMERIKANISCHE AUSTER
lat. Ostrea lurida
franz. huître plate indigène
engl. Western oyster, native oyster

Sie wird an der Westküste (Pazifik) der Vereinigten Staaten gezüchtet und wird nicht größer als fünf Zentimeter. Doch im Geschmack kann die „Mini-Auster" den Wettbewerb mit der größeren Europäischen Auster aufnehmen.

Im vorderen Bild links und rechts Schalen der Crassostrea edulis. In der Mitte die Crassostrea gigas, Normalgröße. Im hinteren Bild eine Riesen-„Crassostrea gigas"

AUSTERNSORTEN

*Europäische Auster,
Crassostrea edulis,
die „Colchester", England*

*Europäische Auster,
Crassostrea edulis,
die „Belon", Frankreich*

*Europäische Auster,
Crassostrea edulis,
die „Galway", Irland*

*Europäische Auster,
Crassostrea edulis,
die „Imperial", England*

AUSTERNSORTEN

*Pazifische Felsenauster,
Crassostrea gigas,
die „Fine de Claires", Frankreich*

*Pazifische Felsenauster,
Crassostrea gigas,
die Irische Felsenauster*

*Portugiesische Auster,
Crassostrea angulatas,
Frankreich*

*Pazifische Felsenauster,
Crassostrea gigas,
die „Sylter Royal", Deutschland*

Austerngrößen im Vergleich

Die Auster stets mit gleichem Gewicht auf den Markt zu bringen, ist eine Kunst. Da die Austernzucht in Deutschland sehr bescheiden und überschaubar ist, gibt es hier noch keine Größenstaffelung.

Klassifizierung der flachen Auster in Frankreich, England und Irland

Nr. 4	40 g
Nr. 3	50 g
Nr. 2	60 g
Nr. 1	75 g
Nr. 0	90 g
Nr. 00	100 g
Nr. 000	110 g
Nr. 0000	120 g
Nr. 00000	150 g

Bei den Belons stellen drei Nullen normalerweise schon das Höchstmaß dar. Dafür gilt bei der niederländischen Imperiale ein völlig anderes Nullensystem.

Größenstaffelung der Imperial

00	50-55 g
000	60-65 g
0000	70-75 g
00000	80-85 g
000000	90-95 g
0000000	100-125 g

AUSTERNGRÖSSEN

Die Amerikaner bieten ein vorbildlich einfaches System der Größenbezeichnung für alle Austernsorten.

Amerikanische Größenbezeichnung:

large (groß), medium (mittel) und small (klein)

Die französische Kategorie für die Portugiesische und Pafizifische Auster:

1. Variante:

Bezeichnung:	Gewicht:
TG (Très Grand)	
SG (Sehr groß)	100 g und mehr
G (Grand)	
G (Groß)	75 g (einschl.) bis 100 g (ausschl.)
M (Moyen)	
M (Mittel)	50 g (einschl.) bis 75 g (ausschl.)
P (Petit)	
K (Klein)	unter 50 g

2. Variante:

Grand	groß, Fines de Claires 86 g, Spéciales 93 g
Moyen	mittel, Fines de Claires 65 g, Spéciales 70 g
Petit	klein, Fines de Claires 43 g, Spéciales 47 g

3. Variante (die traditionelle Klassifizierung):

Nr. 0	100 (ca. 150 g)
Nr. 1	120 (ca. 125 g)
Nr. 2	150 (ca. 100 g)
Nr. 3	200 (ca. 75 g)
Nr. 4	250 (ca. 60 g)
Nr. 5	300 (ca. 50 g)

Austernzucht

Naturforscher Coste legte im Jahr 1858 die ersten Austernzuchtparks in Fankreich an und stellte damit die Weichen für eine erfolgreiche Zucht der einheimischen Schalentiere, da die natürlichen Austernbänke immer mehr zum Aussterben verurteilt waren.

Bei der Verschmutzung unserer Küstengewässer sind – langfristig gesehen – aber auch die heutigen Austernzuchtparks in Gefahr und es ist leider sehr ungewiß, ob auch im 21. Jahrhundert noch genießbare Austern in unseren Breiten gezüchtet werden können. Schließlich waren schon einmal zwei Austernarten, die Ostrea edulis (Europäische Auster) und die Portugiesische (Angulata) durch Überfischung und Krankheit vom Aussterben bedroht.

Über die ganze Welt verstreut leben in den Ozeanen über 90 verschiedene Austernarten. Aber nur ein halbes Dutzend Austerngattungen sind verbreitet, und hier unterscheidet man zwei Haupttypen: die flache Ostrea edulis (Europäische Auster) und die tiefe Crassostrea gigas (Pazifische Auster), die weltweit am häufigsten zu finden ist. Von den flachen Austern ist die milde Belon am berühmtesten, unter den tiefen sind die nussigen Claires ein Begriff.

Die flache Auster ist leicht rund und mit einer glatten Schale versehen, während die tiefe Auster länglich ist und eine gewölbte, leicht zerklüftete Schale besitzt.

Beide kennen keinen Geschlechterkampf – sie leben als harmonische Zwitter. Die Ostrea edulis wächst sich als protandischer Zwitter zurecht, was bedeutet, daß zuerst die männlichen, dann die weiblichen Geschlechtsorgane reif werden.

Die Crassostrea gigas entfaltet sich getrenntgeschlechtlich. Das heißt, sie wechselt während des ganzen Lebens ihr Geschlecht, je nach Wassertemperatur und Nahrungsverhältnis, ist also mal Weibchen und mal Männchen.

AUSTERNZUCHT

Von Juli bis August produziert die Auster ein bis zwei Millionen Eier. Sie werden in der Kiemenhöhle des Weibchens befruchtet und machen sich dort bis zum Schlüpfen der Larven – cirka 7 bis 14 Tage – breit. Als Larven schwimmen sie noch ein bis drei Wochen im Plankton herum und werden von anderen Tieren gefressen. Von einer Million Eiern bleiben durchschnittlich etwa 10 bis 15 Nachwuchs-Austern übrig, die sich weiterentwickeln.

Austern entfalten sich am besten in Meeresgewässern, deren Salzgehalt ein wenig durch den Zufluß von Süßwasser herabgesetzt ist. Die französischen Austernzüchter haben ihre Parks nicht zufällig an jenen Stellen angelegt, wo das Mischungsverhältnis zwischen Salz- und Süßwasser optimal ist.

Außerdem muß für die Reproduktion die Wassertemperatur stimmen. Die Europäische Auster fühlt sich zwischen 15 bis 20°C wohl und vermehrt sich am besten bei 17°C.

Die tiefen Austern sind abgehärtet und können zwischen minus 5 und plus 30 Grad Celsius unbeschadet überleben, allerdings brauchen sie dann für ihre Fortpflanzung eine höhere Wassertemperatur (um die 20 bis 22°C) als ihre europäische, flache Schwester.

Austern wachsen weltweit und an den Küsten aller Kontinente. Ob in natürlichen Kolonien oder in riesigen Zuchtanlagen. So können Austern auch am Polarkreis gedeihen, doch das Hauptgebiet ihrer Verbreitung ist an Küsten mit wärmeren Gewässern zu finden wie in Italien, dem ehemaligen Jugoslawien und Spanien, aber die Produktion reicht dort nur für den einheimischen Verbrauch. Hauptlieferanten in Europa sind Frankreich, Belgien, Holland und Irland. Griechenland exportiert massenhaft nach Belgien und Holland, wo die Austern weiter gezüchtet werden.

Wie sehr sich die Nordsee als Austernparadies eignet, verrät nicht nur die delikate Friesen Auster, sondern auch der Erfolg der belgischen Oostendes und der niederländischen Imperial (auch Fines de Zeelande) genannt. Beide Sorten zählen zur Familie der flachen Auster, der Ostrea edulis.

Nur wenige Feinschmecker wissen, daß die berühmten zeeländischen Austernbänke in der Oosterschelde zwischen Schouwen und Goeree liegen. Hier ist das Zentrum der niederländischen Austernzucht und im tiefblauen, blitzsauberen Wasser der Oosterschelde wachsen die „Fines de Zeelande" zu internationalen Leckerbissen heran. Sie zeichnen sich durch eine besondere Größe (bis zu 125 Gramm) und durch ihr zartes, weißes Fleisch aus. Seit Jahrhunderten leben die Bewohner des idyllischen Fischerdorfes Yerseke fast ausschließlich von der Austernzucht. Bis zu 30 Millionen Austern können hier jährlich geerntet werden. 95 Prozent davon wandern ins Ausland. Man kann sagen, daß jede dritte Auster, die in Deutschland geschlürft wird, von holländischen Züchtern stammt. Leider gibt es am Kai von Yerseke nicht, wie zum Beispiel in Frankreich, die Möglichkeit, schnell mal superfrische Austern zu genießen. Der Holländer gilt nicht unbedingt als großer Austernfreund.

Anders bei den Belgiern, bei denen Kunst und Eßkunst eng verbunden sind. So findet sich ein traumhafter Austernteller auf einem Werk des großen Meisters Frans Snyders (1579-1657) wieder, der eine „Auslage des Fischhändlers" in einem Stilleben festhielt. Die Auster „Oostend" wächst in Klärbecken an der belgischen Nordseeküste auf. Die Bedingungen sind durch die Nähe zum Golfstrom, der ihr trotz Nordsee eine wärmere Wasserqualität bietet, ideal. Im Winter, wenn dicke Eisschollen die Nordsee bedecken, schützen belgische Züchter ihre Austern in Stahlbetonbecken in einer Überwinterungsanlage. Die „Oostende" trägt ihren Namen nach dem größten Seebad Belgiens, ist kleiner als andere ihrer Schwestern, aber der Fleischanteil stimmt, und der milde Geschmack ist besonders Austerneinsteigern zu empfehlen.

AUSTERNZUCHT

Auch im hohen Norden gibt es Austernzuchtbetriebe, zum Beispiel in Norwegen.

Norwegen besitzt eine kleine Austernzucht, doch auch im heißesten Sommer wird die Auster nicht zum Laichen angeregt, da das Wasser viel zu kalt ist und zu stark absinkenden Temperaturen ausgesetzt ist – also muß der Nachwuchs importiert werden.

Die Limfjord Austern aus Dänemark sind sehr gut und weltberühmt, aber leider teuer, da die Züchter heute noch mit den schweren Schäden, die in den achtziger Jahren vom Unwetter verursacht wurden, zu kämpfen haben.

Länder wie Kanada und Japan haben übrigens ihre Vorliebe für die flache Europäische Auster entdeckt und versuchen sie seit Jahren in ihren Breiten heimisch zu machen. Die ersten Erfolge werden bereits gemeldet.

Über zwei Drittel der bei uns geschlürften Austern stammen aus Frankreich. Seit Mitte des 19. Jahrhunderts gibt es die „Portugiesische Auster" (Crassostrea angulata) Sie wurde im 19. Jahrhundert aus Portugal nach Frankreich eingeführt und muß sich seit den 60er Jahren den Erfolg mit der „Pazifischen Auster" (Crassostrea gigas) teilen.

Weltweit werden heute rund 980 000 Tonnen Austern gezüchtet, das sind mehr als zehn Milliarden Exemplare dieser göttlichen Meeresfrucht. Hierzulande sind sie als Frischware am geläufigsten.

Manche genießen sie allerdings auch gerne pochiert oder in der Pfanne zubereitet. Das kalte Entsetzen packt jeden Austernfreund allerdings bei der Vorstellung, daß die Austern demnächst tiefgekühlt oder gar aus der Dose bei uns auf den Markt kommen könnten. Jedes Angebot aus dieser Richtung muß man schlichtweg ignorieren. Oder nicht?

rezepte

*„Europa ist auch eine
kulinarische Idee"*

Sie haben es, das gewisse Etwas, die Kraft der Synergie, das scheinbar Spielerische des Gewußt-wie: Talent und Passion, Begabung und Leidenschaft, damit Enormes leistend. Sie sind jung, noch diesseits der 35. Sie haben einen Namen, einen guten, mehr noch als die berühmte Visitenkarte, die nüchtern Können signalisiert. Junge Restaurateure, die Akteure des Geschehens in diesem Buch, „Jeunes Restaurateures d'Europe" – das sind sie, die Talente, die längst nicht mehr im Verborgenen glänzen, in der Abgeschiedenheit des Einzelkämpfertums. Als deutsche Vereinigung eben dieser „Association" haben sie von sich reden gemacht, die sich schon 1974 in Frankreich etablierte, um die Kultur der Gastronomie zu fördern. Das strahlte ab – auf Deutschland ebenso wie auf Belgien, Luxemburg, die Niederlande, Großbritannien, Spanien und Italien. Und die jungen Leute dort wie hier beließen es nicht bei dem hehren Fördergedanken. Sie setzten sich schon für ein gemeinsames Europa ein, als es noch nicht so en vogue war wie heute. Sie dachten und handelten europäisch, indem sie junge Talente tatkräftig und konstruktiv begleiteten, sie in der Pflege der Tradition unterstützten, neue Regionen des Savoir-vivre erschlossen – in Deutschland unterstützt von Moët-Hennessy, in Frankreich von Grand Marnier. Alles in allem: nicht nur ein unverbindlicher Bund der Freundschaft, des gegenseitigen Wohlwollens, sondern zuvörderst eine Verbindung mit Korpsgeist, mit der Passion zum Niveau, zur kreativen Leistung, mit der Leidenschaft zum edlen Wettstreit – und immer der einen Idee verpflichtet: *„Europa ist auch eine Kulinarische Idee"*.

(Ulrich Metzner)

JEUNES RESTAURATEURS D'EUROPE

Wolfgang Grobauer, Hamburg
Rezepte Seite 152 bis 154

Hartmut Leimeister, Wolfsburg-Fallersleben
Rezepte Seite 155 bis 157

Peter Nöthel, Düsseldorf
Rezepte Seite 158 bis 160

Wilhelm Biermann, Soest
Rezepte Seite 161 bis 163

Jörg Sackmann, Baiersbronn-Schwarzenberg
Rezepte Seite 164 bis 169

Stefan Rottner, Nürnberg
Rezepte Seite 170 bis 172

Rolf Straubinger, Salach
Rezepte Seite 173 bis 175

Karl Hodapp, Kappelrodeck-Waldulm
Rezepte Seite 176 bis 179

DIE JUNGEN RESTAURATEURE EUROPAS

Clemens Baader, Heiligenberg
Rezepte Seite 180 bis 182

Martin Scharff, Dinkelsbühl
Rezepte Seite 183 bis 186

Otto Fehrenbacher, Lahr-Reichenbach
Rezepte Seite 187 bis 189

Karl-Josef Fuchs, Münstertal
Rezepte Seite 190 bis 192

Michael Fell, Rottach-Egern
Rezepte Seite 193 bis 195

Rainer Wolter, Hamburg
Rezepte Seite 196 bis 198

Joachim Kaiser, Nördlingen
Rezepte Seite 199 bis 201

Karl-Emil Kuntz, Herxheim-Hayna
Rezepte Seite 202 bis 205

AUSTERN MIT ZITRUSFRÜCHTEN UND KORIANDER

Zutaten:

(für 2 Personen)

10 Belon Austern
1 Orange
1 Limette
20 g Mie de Pain
3 EL Olivenöl
1 TL gemahlener Koriander
Pfeffer

Zubereitung:

Die Austern öffnen, säubern, aus den Schalen lösen und auf einen Teller legen. Das Austernwasser passieren. Die tiefen Austernschalen säubern. Den Backofen auf 220°C vorheizen. Die Orange und die Limette filieren, den Saft dabei auffangen. Je 1 Orangen- und Limettenfilet in die Schalen legen. Die Austern auf die Orangen- und Limettenfilets setzen und mit dem Mie de pain bestreuen. Das Austernwasser mit dem Olivenöl und dem Orangen- und Limettensaft verrühren. Die Sauce mit dem Koriander und Pfeffer würzen. Die Austern damit beträufeln und dann im Backofen etwa 5 Minuten garen. Dazu passen Croûtons.

AUSTERN MIT AROMATEN IN BLÄTTERTEIG

Zutaten:

(für 2 Personen)

6 Irische Wildaustern
6 Scheiben durchwachsener Speck
60 g Gemüsestreifen (Möhre, Lauch, Sellerie)
1 EL gehäutete Tomatenwürfel
1 feingewürfelte Schalotte
1 EL gehackte Gartenkräuter (Petersilie, Schnittlauch, Estragon, Kerbel)
60 g Butter
1 EL Noilly Prat
Saft von ½ Zitrone
100 g Blätterteig
1 verquirltes Eigelb
Tang (aus dem Fischgeschäft)

Zubereitung:

Die Austern öffnen, säubern und aus den Schalen lösen. Das Austernwasser passieren und beiseite stellen. Die tiefen Schalen gründlich säubern. Die Austern mit dem Speck umwickeln. Die Gemüsestreifen auf die Austernschalen verteilen, je eine Auster darauf setzen, mit den Tomaten- und Schalottenwürfeln belegen und mit den Gartenkräutern bestreuen. Auf jede Auster ein Stück Butter geben.

Das Austernwasser mit dem Noilly Prat und dem Zitronensaft vermengen und über die Austern gießen.

Den Backofen auf 180°C vorheizen. Den Blätterteig ausrollen und 6 Kreise in Größe der Austernschalen ausstechen. Die Austern mit dem Blätterteig verschließen. Den Teig mit dem Eigelb bestreichen. Den Tang auf zwei Tellern anrichten. Die Austern darauf setzen und im Backofen etwa 12 Minuten backen. Dazu paßt eine Beurre blanc.

AUSTERN AUF MI-GELÉE MIT CHAMPAGNER UND KAVIAR

Zutaten:

(für 2 Personen)

6 Fines de Claires Austern
⅛ l Champagner
1 Blatt weiße Gelatine
Pfeffer
60 g Kaviar
1 EL Schnittlauchröllchen
Meersalz
2 Kapuzinerblüten

Zubereitung:

Die Austern öffnen, säubern und aus den Schalen lösen. Das Austernwasser passieren, mit dem Champagner mischen, leicht erhitzen und die Austern darin ansteifen. Die Austern herausnehmen und kalt stellen. Die Gelatine einweichen. Den Champagnerfond passieren und mit Pfeffer würzen. Die Gelatine ausdrücken und in dem Champagnerfond auflösen. Den Fond erkalten lassen.

Die tiefen Austernschalen säubern. Das Champagnergelée mit einer Gabel zerkleinern und in die Austernschalen füllen. Die Austern darauf setzen und mit dem Kaviar garnieren. Zum Schluß mit Schnittlauch bestreuen.

Meersalz auf zwei Teller geben, die Austern darauf anrichten und mit je 1 Kapuzinerblüte garnieren.

TATAR VON AUSTERN UND LACHS AUF REIBEKÜCHLEIN MIT KLEINEM SALAT

Zubereitung:

Den Lachs häuten und die Gräten mit einer Pinzette herausziehen. Die Austern öffnen, säubern, aus den Schalen lösen und die Bärte entfernen. Den Lachs und die Austern in kleine Würfel schneiden. Mit 3 Eßlöffeln Olivenöl, dem Zitronensaft, dem Dill und Salz und Pfeffer abschmecken.

Die Kartoffeln reiben und in einem Sieb ausdrücken. Mit dem Ei vermischen und mit Salz und Pfeffer würzen. Das Butterschmalz in einer beschichteten Pfanne zerlassen. Aus der Kartoffelmasse 12 Reibeküchlein formen und in der Pfanne knusprig ausbacken.

Das restliche Olivenöl und den Sherryessig verrühren. Die Reibeküchlein auf vier Teller verteilen. Auf jeden Reibekuchen 1 Eßlöffel Lachstatar geben. Mit Salatblättern und den Rote-Bete-Streifen garnieren. Die Salatbuketts mit der Vinaigrette beträufeln.

Zutaten:

(für 4 Personen)

400 g frisches Lachsfilet
20 Austern
9 EL Olivenöl
Saft von ½ Zitrone
1 EL feingehackter Dill
Salz, Pfeffer
4 geschälte mehligkochende Kartoffeln
1 Ei
50 g Butterschmalz
einige Blätter Blattsalat
Streifen von gekochter Rote-Bete
2 EL Sherryessig

KARTOFFEL-LAUCH-SALAT MIT AUSTERN UND PAPRIKAVINAIGRETTE

Zutaten:

(für 4 Personen)

1 kleine Schalotte
600 g festkochende Kartoffeln
300 ml Fleischbrühe
4 EL Weinessig
10 EL Öl
Salz, Pfeffer
1 TL Senf
1 Stange Lauch
2 Paprikaschoten
1 EL Champagneressig
3 EL Olivenöl
24 Austern
einige Kerbelblättchen

Zubereitung:

Die Schalotte schälen, fein würfeln und kurz in kaltes Wasser legen, damit sie ihre Schärfe verliert. Die Kartoffeln in wenig Salzwasser garen, kalt abschrecken, schälen und in feine Scheiben schneiden. Die Brühe erhitzen. Den Essig, das Öl, die Schalotte, Salz, Pfeffer und Senf dazugeben. Alles verrühren und über die Kartoffeln gießen. Vorsichtig vermengen und ziehen lassen.

Das Weiße vom Lauch in Rauten schneiden und blanchieren. Die Paprikaschoten häuten und in feine Würfelchen schneiden. Den Champagneressig und das Olivenöl verrühren und über die Paprikawürfel gießen.

Die Austern öffnen, säubern, aus den Schalen lösen und die Bärte entfernen. Den Lauch unter den Kartoffelsalat heben. Den Salat auf vier Teller verteilen, je 6 Austern darauf legen, mit der Paprikavinaigrette nappieren und mit den Kerbelblättchen garnieren.

CASSOULET VON AUSTERN UND KREBSEN MIT KLEINEN GEMÜSEN IN EIGENER SAUCE

Zutaten:

(für 4 Personen)

80 g Möhre
80 g Zucchini
8 Stangen grüner Spargel
80 g Kohlrabi
Salz
20 Austern
20 Flußkrebse à 60 g
1 TL Kümmel

Für die Sauce:
1 feingehackte Schalotte
20 g Butter
50 ml Weißwein
50 ml Noilly Prat
300 g Sahne
60 g kalte Krebsbutter
20 ml Champagner
Salz, Pfeffer
Cayennepfeffer

30 g Butter
100 ml Fleischbrühe
Salz, Pfeffer
einige Kerbelblättchen

Zubereitung:

Das Gemüse waschen, schälen und in Rauten schneiden. In Salzwasser weich kochen, kalt abschrecken und beiseite stellen.

Die Austern öffnen, säubern, aus den Schalen lösen und die Bärte entfernen. Das Austernwasser passieren. Die Krebse säubern und in kochendem Salzwasser mit dem Kümmel einmal aufkochen, herausheben und eiskalt abschrecken. Die Krebsschwänze und -scheren ausbrechen, den Darm entfernen.

Für die Sauce die Schalotten in der Butter glasig dünsten. Mit dem Weißwein und dem Noilly Prat ablöschen und auf etwa ein Drittel reduzieren. Die Sahne unterrühren. Die Sauce weiter einkochen, bis sie sämig ist. Dann mit der Krebsbutter aufmixen und mit etwas Austernwasser, Champagner, Salz, Pfeffer und Cayennepfeffer abschmecken.

Die Austern und die Krebse in der heißen Sauce erwärmen.

Das Gemüse in der Butter und der Brühe heiß schwenken und mit Salz und Pfeffer würzen. Das Gemüse, die Austern und die Krebse in vier tiefen Tellern anrichten, mit der Sauce nappieren und mit den Kerbelblättchen garnieren.

GEBACKENE AUSTERN IN WAN-TAN-TEIG AUF PAPRIKA-VINAIGRETTE UND KRÄUTERSALAT

Zutaten:

(für 4 Personen)

12 Belon Austern
250 g Wan-Tan-Teig
(Teig aus Mehl und Ei,
in Chinaläden erhältlich)
je 1 rote gelbe und weiße Paprikaschote

4 EL Estragonessig
2 EL Aceto balsamico (Balsamico-Essig)
200 ml Distelöl
Salz, Pfeffer
¼ Kopf Friséesalat
50 g Feldsalat
¼ Kopf Lollo rossa
12 Löwenzahnblätter
4 Zweige Kerbel
2 Zweige glatte Petersilie
12 Blätter Basilikum
2 Zweige Dill
1 kleines Bund Schnittlauch
750 ml raffiniertes Pflanzenöl zum Fritieren

Zubereitung:

Die Austern öffnen, säubern und aus der Schale lösen. Den Wan-Tan-Teig ausrollen und in dünne Streifen schneiden. Jede Auster mit Teigstreifen umwickeln. Die Paprikaschoten häuten und in kleine Würfel schneiden. Den Estragonessig, den Aceto balsamico und das Distelöl mischen, die Paprikawürfel unterrühren und die Vinaigrette mit Salz und Pfeffer würzen.

Die Salate und die Kräuter putzen, waschen, trockenschleudern und auf vier Tellern dekorativ anrichten.

Zum Fritieren das Öl auf 200 °C erhitzen und die Austernpäckchen darin goldbraun fritieren. Die Salate mit der Vinaigrette marinieren und die gebackenen Austern darauf anrichten.

AUSTERNSPIESSE MIT SESAM GEBRATEN AUF SPARGEL-WILDREIS-RISOTTO UND CURRY-NAGE

Zutaten:

(für 4 Personen)

Für die Austernspieße:
16 Austern
2 Eiweiß
100 g Mie de pain
heller, ungerösteter Sesam
150 g geklärte Butter

Für die Curry-Nage:
¼ l Fischfond
100 ml Weißwein
100 ml Curryöl (Feinkosthandel)
150 g kalte Butter
Salz
Cayennepfeffer

Für den Spargel-Wildreis-Risotto:
12 Stangen grüner Spargel
100 g gekochter Wildreis
50 g blanchierte Gemüsewürfel
(Möhre, Sellerie, Lauch)
30 g Butter
Salz, Pfeffer

Zubereitung:

Für die Spieße die Austern öffnen, säubern, aus den Schalen lösen und auf ein Tuch legen. Je 4 Austern auf einen Spieß reihen. Die Eiweiße verquirlen. Die Spieße darin wenden, dann in Mie de pain und Sesam wälzen. Die Austernpieße in der geklärten Butter rundum braten.

Für die Curry-Nage den Fischfond, den Weißwein und das Curryöl mischen, aufkochen und etwas reduzieren. Die Butter mit einem Schneebesen unterschlagen. Die Sauce mit Salz und Cayennepfeffer würzen.

Für den Spargel-Wildreis-Risotto den Spargel in Salzwasser blanchieren, die Spitzen abschneiden und die Enden in Würfel schneiden. Den Wildreis fein hacken und mit den Gemüse- und den Spargelwürfeln in der Butter andünsten. Mit Salz und Pfeffer würzen.

Alles auf vier Tellern anrichten und mit den Spargelspitzen garnieren.

AUSTERNROULADE MIT BACHSAIBLING GEBRATEN AUF SELLERIE-TOMATEN-GEMÜSE

Zutaten:
(für 4 Personen)

Für die Rouladen:
4 Bachsaiblingfilets
Salz, Pfeffer
8 Austern
Saft von 1/2 Zitrone
1 – 2 EL Schnittlauchröllchen
1 EL Kaviar
100 ml Distelöl
200 g Schweinenetz
100 g geklärte Butter

Für das Sellerie-Tomaten-Gemüse:
2 Tomaten
1 kleiner Staudensellerie
50 ml Distelöl
40 ml Champagneressig
Salz, Pfeffer

Für die Zitronen-Nage:
1/4 l Fischfond
100 ml Weißwein
100 ml Zitronenöl (Feinkosthandel)
150 g kalte Butter
Salz, Pfeffer

Zum Garnieren:
2 EL Schnittlauchröllchen

Zubereitung:

Für die Rouladen die Fischfilets leicht plattieren und mit Salz und Pfeffer würzen. Die Austern öffnen, säubern, aus den Schalen lösen und das Fleisch in kleine Würfel schneiden. Mit dem Zitronensaft, Pfeffer, Schnittlauch, Kaviar und dem Distelöl abschmekcken. Die Fischfilets mit dem Austerntatar bestreichen und zu Rouladen formen. Jede Roulade mit einem Stück Schweinenetz umwickeln. Die Rouladen in der geklärten Butter rundum anbraten und warm stellen.

Für das Sellerie-Tomaten-Gemüse die Tomaten mit kochendem Wasser übergießen, häuten und die Kerne entfernen. Das Fruchtfleisch in Julienne schneiden. Den Staudensellerie abziehen, in Julienne schneiden und in Salzwasser blanchieren. Die Gemüsejulienne mit dem Distelöl, Champagneressig, Salz und Pfeffer würzen.

Für die Zitronen-Nage den Fischfond, den Weißwein und das Zitronenöl aufkochen und etwas reduzieren. Die kalte Butter mit dem Pürierstab daruntermixen. Die Sauce mit Salz und Pfeffer würzen.

Das Gemüse auf vier Teller verteilen und mit der Sauce umgießen. Die Rouladen darauf anrichten und mit den Schnittlauchröllchen garnieren.

AUSTERNRAGOUT UNTER DER BLÄTTERTEIGHAUBE

Zubereitung:

Die Austern öffnen, säubern und aus den Schalen lösen. Die Schalotte und das kleingeschnittene Gemüse in der Butter anschwitzen. Die Thymianblättchen und den Knoblauch dazugeben und einige Minuten mitdünsten lassen. Den Fischfond angießen, aufkochen lassen und auf etwa ein Drittel reduzieren. Vom Herd nehmen und die Austern unterheben.

Das Mehl mit $1/8$ l Wasser verrühren. Die Champignons putzen und mit dem Mehlwasser abwaschen, damit sie nicht braun werden. Die Pilze gut trockentupfen, in Scheiben schneiden und mit der Petersilie unter die Austern rühren. Das Austernragout mit Salz und Pfeffer würzen und in vier feuerfeste Förmchen oder Tassen füllen.

Den Blätterteig auf bemehlter Arbeitsfläche etwa 3 – 4 mm dick ausrollen. Vier Kreise ausstechen, die etwa 2 cm über den Rand der Förmchen oder Tassen überstehen sollen. Die Teigkreise mit einem Küchentuch abdecken und etwa 30 Minuten ruhen lassen. Den Backofen auf 210°C vorheizen. Das Eigelb verquirlen. Die Teigkreise damit bestreichen, etwa 1 Minute trocknen lassen und dann mit der bestrichenen Seite nach unten über die Förmchenränder stülpen. Den Blätterteig außen festdrücken. Die Teigoberfläche ebenfalls mit Eigelb bestreichen. Das Austernragout im Backofen etwa 15 Minuten backen.

Zutaten:

(für 4 Personen)

12 große Fines de Claires Austern
30 g feingehackte Schalotten
35 g feingewürfelte Möhre
20 g feingewürfelter Bleichsellerie
20 g Lauchjulienne
20 g Butter
1 Stengel frischer Thymian
1 feingehackte Knoblauchzehe
250 g Fischfond
20 g Mehl
6 mittelgroße Champignons
1 EL feingehackte Petersilie
Salz, Pfeffer
$1/2$ Paket Tiefkühl-Blätterteig
1 Eigelb

ÜBERBACKENE SYLTER ROYAL AUSTERN MIT CURRY

Zutaten:

(für 2 Personen)

6 Sylter Royal Austern
½ Lauchstange
1 EL Butter
Meersalz aus der Mühle
Pfeffer
2 Eigelb
50 g sehr kalte Sahne
1 TL Curry

Zubereitung:

Die Austern öffnen, säubern, aus den Schalen lösen und das Austernwasser in einen Topf passieren. Das Austernfleisch dazugeben und zugedeckt beiseite stellen.

Das Weiße vom Lauch in Julienne schneiden und in der Butter anschwitzen. Mit Salz und Pfeffer abschmecken. Die tiefen Austernschalen sorgfältig reinigen, die Julienne hineinfüllen. Die Eigelbe mit den Schneebesen des Handrührgerätes schaumig schlagen. Die Sahne sehr steif schlagen und unter die Eigelbmasse heben. Die Masse mit Salz, Pfeffer und dem Curry abschmecken.

Die Austern erwärmen und auf das Lauchbett legen. Die Austern jeweils mit 1 Eßlöffel von der Currysahne bedecken und im Salamander oder im Backofen bei starker Oberhitze überbacken.

IMPERIAL AUSTERN MIT BURGUNDERBUTTER

Zubereitung:

Die Austern öffnen, säubern und aus den Schalen lösen. Für die Burgunderbutter die Butter mit der Petersilie, dem Knoblauch und der Schalotte vermischen und mit Salz und Pfeffer würzen. Die Burgunderbutter mit einem Schneebesen so lange rühren, bis eine homogene Masse entstanden ist.

Den Backofen auf 250°C vorheizen. Die tiefen Austernschalen gründlich säubern. Den Spinat blanchieren, in Eiswasser abschrecken, mit Salz und Pfeffer würzen und in die Austernschalen füllen. Die Austern darauf setzen und reichlich mit der Burgunderbutter bestreichen. Im Backofen oder unter dem Grill etwa 1 Minute gratinieren. Heiß servieren.

Zutaten:

(für 2 Personen)

6 Imperial Austern
80 g weiche Butter
3 EL feingehackte Petersilie
3 feingehackte Knoblauchzehen
1 feingehackte Schalotte
Salz, Pfeffer
100 g frischer Spinat

AUSTERN IM REISBLATT MIT ROTEM MANGOLD UND GEFÜLLTEN ZUCCHINIRÖLLCHEN

AUSTERN IM REISBLATT MIT ROTEM MANGOLD UND GEFÜLLTEN ZUCCHINIRÖLLCHEN

Zubereitung:

Die Austern öffnen, säubern und aus den Schalen lösen. Das Austernwasser passieren. Den Zander mit Salz, Cayennepfeffer und etwas Zitronensaft würzen und mit der Sahne und dem Austernwasser im Mixer fein pürieren. Die Masse durch ein feines Sieb streichen. Den Lauch und die Schalotten in einem Teelöffel Olivenöl anschwitzen, abkühlen lassen und unter die Farce heben. Mit Koriander abschmecken.

Die Reisblätter etwa 10 Minuten einzeln zwischen feuchte Tücher legen, dann in Größe der Austern dünn mit der Farce bestreichen. Je 1 Auster darauf setzen und mit Farce bestreichen. Jedes Reisblatt am Rand mit Eiweiß bestreichen, über die Auster klappen und die Ränder verschließen. Die Päckchen außen nochmals mit Eiweiß bestreichen. In reichlich Olivenöl auf beiden Seiten knusprig braten.

Für die Zucchiniröllchen den Reis in der Hälfte der Butter anschwitzen, den Weißwein angießen und einkochen lassen. Die Fischessenz einrühren und den Reis darin garen. Die Gemüsebrunoise in der restlichen Butter anschwitzen und unter den Reis rühren. Den Lachs und den Parmesan dazugeben, den Risotto mit Salz, Pfeffer, Koriander und Zitronensaft würzen und etwas abkühlen lassen.

Die Zucchini längs in 20 sehr dünne Scheiben schneiden. Je 5 Scheiben auf Klarsichtfolie überlappend nebeneinander legen, mit dem Risotto bestreichen und mit Hilfe der Folie straff einrollen. 4 Röllchen formen und in Olivenöl rundum anbraten.

Die Mangold-, Champignon- und Trompetenpilzjulienne in etwas Butter ansautieren, würzen und auf vorgewärmten Tellern mit den Zucchiniröllchen und den Austern anrichten.

Die Korianderkörner in einer heißen Pfanne ohne Fett goldbraun rösten, etwas zerstoßen. Die restliche Butter aufschäumen, mit Salz, Pfeffer und etwas Zitronensaft würzen, die Korianderkörner und das -grün hineingeben und über die Austern verteilen.

Zutaten:

(für 4 Personen)

Für die Austern im Reisblatt:
8 Belon Austern
100 g Zanderfilet
Salz, Cayennepfeffer
Zitronensaft
100 g Sahne
50 g feingewürfelter Lauch
50 g feingewürfelte Schalotten
Olivenöl
gemahlener Koriander
8 kleine Reisblätter (Asienladen)
1 Eiweiß

Für die Zucchiniröllchen:
50 g blanchierter roter Reis (Naturkostladen)
20 g Butter
30 ml Weißwein
350 ml Fischessenz
je 20 g Lauch-, Kohlrabi- und Möhrenbrunoise
50 g feingewürfelter geräucherter Lachs
15 g geriebener Parmesan
Salz, Pfeffer
gemahlener Koriander
Zitronensaft
200 g Zucchini

Zum Garnieren:
400 g rote Mangoldjulienne
100 g Champignonjulienne
100 g Trompetenpilzjulienne
80 g Butter
Salz, Pfeffer
20 Korianderkörner
Zitronensaft
1 EL feingehacktes Koriandergrün

GALWAY AUSTER IM FILDERKRAUT GEBACKEN AUF LINSEN-SPECK-SCHAUM

Zutaten:

(für 4 Personen)

8 Galway Austern
250 g Filderkraut in feinen Streifen
20 g Butter
Zitronensaft, Salz, Pfeffer
4 etwa 10 cm große Filderkrautblätter

Für den Teig:
2 Eier
150 g Mehl
1 EL Olivenöl
$1/8$ l Weißwein
Salz, Pfeffer, Zitronensaft
Zucker
750 ml raffinertes Pflanzenöl zum Ausbacken

Für den Linsen-Speck-Schaum:
100 g rote Linsen
40 g gewürfelter Speck
$1/2$ zerdrückte Knoblauchzehe
30 g gewürfelter junger Lauch
20 g feingehackte Zwiebel
1 TL Kapern
25 g feingehackte Gewürzgurke
1 abgezogene, gewürfelte Fleischtomate
50 g Butter
$1/2$ EL Aceto balsamico (Balsamico-Essig)
40 ml Weißwein
$1/2$ l Fischessenz
Salz, Pfeffer
250 g Crème fraîche
1 EL geschlagene Sahne

Einlage:
50 g Linsen
20 g Butter
20 g Speckstreifen
Salz, Pfeffer

Zubereitung:

Die Austern öffnen, säubern und aus den Schalen lösen. Das Austernwasser durchpassieren und beiseite stellen. Das Kraut blanchieren, gut abtropfen lassen und in der Butter anschwitzen. Mit etwas Zitronensaft, Salz und Pfeffer würzen. Die Filderkrautblätter auf Klarsichtfolie ausbreiten.

Für den Teig die Eier trennen. Die Eiweiße cremig aufschlagen. Die Eigelbe, das Mehl, Öl und Wein vermengen und den Teig mit Salz, Pfeffer, Zitronensaft und Zucker abschmecken. Das Eiweiß unter den Teig heben. 4 Austern durch den Teig ziehen und jede in ein Krautblatt einschlagen. Die Ränder gut festdrücken. Das Öl in einer Friteuse erhitzen und die Austern darin knusprig ausbacken.

Für den Linsen-Speck-Schaum alle Zutaten in der Butter anschwitzen, mit dem Balsamessig ablöschen und trocken reduzieren. Dann den Weißwein angießen. Die Fischessenz dazugeben und alles so lange kochen, bis die Linsen weich sind. Mit Salz und Pfeffer würzen und mit Crème fraîche verfeinern. Die restlichen Austern dazugeben. Alles fein pürieren und durch ein Sieb streichen. Abschmecken.

Für die Einlage die Linsen blanchieren und in der Butter anschwitzen. Die Speckstreifen kroß anbraten.

Den Linsen-Speck-Schaum mit einem Pürierstab aufschäumen, mit der geschlagenen Sahne verfeinern, anrichten und mit den Linsen und den Speckstreifen garnieren. In die Mitte je eine gebackene Auster setzen.

GALWAY AUSTER IM FILDERKRAUT GEBACKEN AUF LINSEN-SPECK-SCHAUM

KARTOFFELNOCKEN MIT SYLTER ROYAL AUSTERN IN LAUCHBUTTER MIT GEBRATENEN ARTISCHOCKEN

Zutaten:

(für 4 Personen)

Für die Kartoffelnocken:
4 Austern
240 g Lachsfilet in 8 Scheiben
320 g Steinbuttfilet in 8 Scheiben
Salz, Pfeffer
180 g frischer Spinat (große Blätter)
50 g feingewürfelter Lauch
50 g feingewürfelte Möhre
5 EL Olivenöl
100 g Zanderfilet
Cayennepfeffer, Zitronensaft
150 g Sahne
275 g Kartoffeln
60 g weiche Butter
1 Eigelb
150 g Mehl
1 TL Grieß
frisch geriebene Muskatnuß
1 Msp. Anis
1 kleines Bund feingeschnittener Schnittlauch

Für die Fischsauce:
2 feingehackte Schalotten
60 g Butter
150 ml Weißwein
50 ml Noilly Prat
¼ l Fumet
250 g Crème double
Salz, Cayennepfeffer, Zitronensaft
1 EL geschlagene Sahne

Zum Garnieren:
4 Artischockenböden
4 Stangen junger Lauch
2 Tomaten
50 g Butter
Salz, Pfeffer
Zitronensaft

Zubereitung:

Für die Kartoffelnocken die Austern öffnen, säubern, aus den Schalen lösen und auf einem Sieb abtropfen lassen. Das Austernwasser durchpassieren und beiseite stellen. Die Lachs- und Steinbuttscheiben auf etwa 3 mm Dicke plattieren, mit Salz und Pfeffer würzen. Den Spinat kurz blanchieren, in Eiswasser abschrecken und abtropfen lassen.

Die Lauch- und Möhrenwürfel in 3 EL Olivenöl anschwitzen und abkühlen lassen. Das Zanderfilet mit Salz, Cayennepfeffer und etwas Zitronensaft würzen. Mit der Sahne im Mixer fein pürieren. Die Masse durch ein feines Sieb streichen und abschmecken. Die Gemüsewürfel unterheben.

4 Lachsscheiben ausbreiten, etwa 2 mm dick mit der Farce bestreichen, je 1 Auster darauf legen, diese wieder mit Farce bestreichen, mit den restlichen Lachsscheiben bedecken. Die Päckchen erst in die Steinbuttscheiben, dann in die Spinatblätter einhüllen und kalt stellen.

Für den Kartoffelteig die Kartoffeln schälen, kleinschneiden, in Salzwasser garen, abschütten und ausdämpfen lassen. Zweimal durch die Kartoffelpresse drücken, dann mit einer Teigkarte durch ein Haarsieb streichen. Die Masse mit der Butter, dem Eigelb, dem Mehl und dem Grieß vermengen. Mit Salz, Pfeffer, Muskat, Anis und Schnittlauch würzen. Den Teig dünn ausrollen. Den Backofen auf 220°C vorheizen. Die Austernpäckchen in den Teig einschlagen und zu Kugeln formen. Darauf achten, daß sie rundum verschlossen sind. Die Kartoffelnocken im Backofen in dem restlichen Olivenöl von beiden Seiten etwa 15 Minuten goldgelb braten.

Für die Sauce die Schalotten in der Butter anschwitzen. Mit Weißwein und Noilly Prat ablöschen und trocken reduzieren. Den Fumet angießen, um die Hälfte reduzieren. Die Crème double dazugeben, alles aufkochen und kurz ziehen lassen. Mit Salz, Cayennepfeffer und Zitronensaft würzen. Das Austernwasser dazugeben und die Sahne unterheben.

Die Artischockenböden längs in dünne Scheiben schneiden. Vom Lauch nur die grünen Teile in feine Ringe schneiden. Die weißen Teile blanchieren. Die Tomaten blanchieren, häuten, entkernen und in Streifen schneiden.

Die Lauchzwiebeln und die Tomaten in der Hälfte der Butter glacieren und mit Salz, Pfeffer und Zitronensaft würzen. Die Lauchringe in der restlichen Butter anschwitzen und ebenfalls würzen.

KARTOFFELNOCKEN MIT SYLTER ROYAL AUSTERN IN LAUCHBUTTER MIT GEBRATENEN ARTISCHOCKEN

EINTOPF VON WALLER, LACHSFORELLE UND AUSTERN

Zutaten:

(für 4 Personen)

200 g Lachsforellenfilet
200 g Wallerfilet
40 g kalte Butter
12 Sylter Royal Austern
12 tournierte Kartoffeln
Salz
600 ml Fischfond
40 ml Sekt
100 g frischer Spinat
5 ml Noilly Prat
Pfeffer
40 g blanchierte Gemüserauten
(Möhren, Sellerie, Lauch)
40 ml Fischsauce
je 1 Zweig Dill und Kerbel

Zubereitung:

Die Fischfilets in feine Streifen schneiden. Eine Pfanne mit etwas Butter ausstreichen und die Fischstreifen hineinlegen. Die Austern öffnen, säubern und aus den Schalen lösen. Das Austernwasser durch ein Sieb passieren und beiseite stellen.

Die Kartoffeln in wenig Salzwasser garen, abgießen und warm stellen.

Die Fische salzen, den Fischfond und die Hälfte des Sekts dazugeben. Die Fische darin etwa 6 Minuten pochieren.

Die Austern im eigenen Saft ansteifen. Den Spinat mit wenig Butter und dem Noilly Prat weichdünsten, mit Salz und Pfeffer würzen. Die Gemüserauten dazugeben.

Den Pochierfond der Fische und das Austernwasser mischen und kurz reduzieren. Die Fischsauce dazugeben, alles aufkochen lassen und mit dem restlichen Sekt abschmecken. Mit dem Pürierstab die restliche kalte Butter einmixen und die Sauce nochmals abschmecken.

Den Spinat und die Gemüserauten auf vier tiefe Teller verteilen, die Fischstreifen, die Austern und die Kartoffeln darauf anrichten und mit der Sauce nappieren. Mit Dill und Kerbel garnieren.

AUSTERNRAGOUT IN SAFRANSAUCE

Zubereitung:

Die Austern öffnen, säubern und aus den Schalen lösen. Das Austernwasser durch ein Sieb passieren. Die Austern im eigenen Saft kurz ansteifen und warm stellen.

Den Spinat und die Gemüsewürfel in der Butter und etwas Noilly Prat weich dünsten, mit Salz und Pfeffer würzen. Das Gemüse auf vier tiefe Teller verteilen.

Das Austernwasser mit der Fischsauce mischen, den Safran dazugeben und alles erwärmen.

Die Austern auf dem Spinat und den Gemüsewürfeln anrichten und mit der Sauce übergießen.

Dazu paßt frisch aufgebackenes Baguette.

Zutaten:

(für 4 Personen)

16 Sylter Royal Austern
120 g frischer Spinat
40 g blanchierte Gemüsewürfel
(Möhren, Sellerie, Lauch)
20 g Butter
20 ml Noilly Prat
Salz, Pfeffer
600 ml Fischsauce
2 g Safran

ROTE-BETE-SUPPE MIT AUSTERN UND KAVIAR

Zutaten:

(für 4 Personen)

2 Schalotten
40 g kalte Butter
200 g Rote Bete
40 ml Weißwein
10 ml Noilly Prat
Sherryessig
600 ml Fisch- oder Geflügelfond
8 Sylter Royal Austern
80 g Crème double
Salz, Pfeffer
40 g Sevruga Kaviar (ersatzweise Lachsforellenkaviar)
2 Zweige Dill

Zubereitung:

Die Schalotten würfeln und in 10 g Butter glasig dünsten. Die Rote Bete waschen, schälen und in Scheiben schneiden. Zu den Schalotten geben und kurz mitdünsten. Mit Weißwein, Noilly Prat und einem Schuß Sherryessig ablöschen. Den Fisch- oder Geflügelfond angießen und alles so lange köcheln lassen, bis die Rote Bete weich ist.

Inzwischen die Austern öffnen, säubern, aus den Schalen lösen und im eigenen Saft kurz ansteifen.

Die Suppe mit dem Pürierstab pürieren. Das Austernwasser durch ein Sieb passieren und dazugeben. Die Crème double unterrühren. Die Suppe mit der restlichen kalten Butter im Mixer aufmixen und mit Salz und Pfeffer abschmecken.

Die Austern auf vier tiefe Teller verteilen, die aufgeschäumte Suppe darübergießen. Mit dem Kaviar und Dill garnieren.

SAUERKRAUTSUPPE MIT GEBRATENEN SYLTER ROYAL AUSTERN, GERÖSTETEM KRAUT UND KARTOFFELCROÛTONS

Zubereitung:

Die Schalotte und den Speck in dem Entenschmalz glasig anschwitzen, 300 g Kraut dazugeben und kurz mitdünsten. Das restliche Kraut beiseite stellen. Den Kalbsfond angießen und alles etwa 30 Minuten leicht köcheln lassen, bis das Kraut ganz weich ist. Alles durch ein grobes Sieb stoßen und auf etwa ½ l reduzieren. Die Hälfte der Kartoffeln fein raspeln und mit dem Ananassaft dazugeben. Alles noch etwa 5 Minuten köcheln lassen und durch ein feines Sieb passieren. Die Sahne und die Butter unterrühren, mit Salz und Pfeffer würzen.

Das Weißbrot mit dem Kerbel mischen. Die Austern öffnen, säubern und aus den Schalen lösen. Zuerst in der flüssigen Butter, dann in der Weißbrot-Kerbel-Mischung wenden und in dem Butterschmalz knusprig ausbraten.

Das Pflanzenöl in einer Friteuse erhitzen. Die restlichen Kartoffeln in kleine Würfel schneiden. Das beiseite gestellte Kraut und die Kartoffelwürfel trockentupfen und nacheinander in dem heißen Öl knusprig fritieren.

Die Suppe mit den Austern, dem fritierten Kraut und den Kartoffelcroûtons anrichten.

Zutaten:

(für 4 Personen)

20 g feingehackte Schalotte
30 g gewürfelter schwarzgeräucherter Speck
40 g Entenschmalz
340 g eingesalzenes Fildersauerkraut
100 ml heller Kalbsfond
100 g geschälte Kartoffeln
50 ml Ananassaft
100 g Sahne
30 g kalte Butter
Salz, Pfeffer
50 g geriebenes Weißbrot
2 EL feingehackter Kerbel
12 Sylter Royal Austern
20 g geschmolzene Butter
50 g Butterschmalz
750 ml raffiniertes Pflanzenöl zum Fritieren

AUSTERN IN SPECK GEBRATEN MIT ZWEIERLEI STECKRÜBENPÜREE UND JUS VON GESCHMORTEM KALBSSCHWANZ

Zutaten:

(für 4 Personen)

Für die Austern in Speck:
12 Belon Austern
12 dünne Scheiben mild geräucherter Speck
30 g Butterschmalz

Für die Steckrübenpürees:
200 g vollreife, geschälte Steckrüben
(Bodenkohlrabi)
50 g Kartoffel
50 g geschälter, entkernter Apfel
300 ml Geflügelfond
100 ml naturtrüber Apfelsaft
100 g Sahne
Salz, Pfeffer
1 Msp. Safranpulver

Für den Jus von geschmortem Kalbsschwanz:
30 ml Madeira
200 ml dunkler Kalbsschwanzfond

Zum Garnieren:
2 EL feingehackte glatte Petersilie

Zubereitung:

Die Austern öffnen, säubern und aus den Schalen lösen. Auf Küchenpapier trockentupfen und mit den Speckscheiben umwickeln. Das Butterschmalz in einer Pfanne zerlassen und dann die Austern darin knusprig braten.

Die Steckrüben, die Kartoffel und den Apfel kleinschneiden und mit dem Geflügelfond und dem Apfelsaft weich und musig kochen. Etwa ein Drittel von dem Mus abnehmen, die Sahne dazugeben und aufkochen lassen. Mit dem Pürierstab fein pürieren, durch ein Haarsieb streichen und mit Salz und Pfeffer abschmecken. Das restliche Mus mit dem Safranpulver färben, mit dem Pürierstab grob pürieren und mit Salz und Pfeffer abschmecken.

Für den Jus den Madeira aufkochen lassen, den Kalbsschwanzfond dazugeben und alles auf etwa 100 ml reduzieren. Den Jus eventuell leicht mit etwas Stärke abbinden.

Die Austern mit den Steckrübenpürees und dem Jus anrichten und mit der gehackten Petersilie garnieren.

BELON AUSTERN IN KOPFSALAT MIT ERBSENPÜREE, FRITIERTEN KARTOFFELRAVIOLI UND SPECKJUS

Zutaten:

(für 4 Personen)

12 Belon Austern
½ Kopfsalat
20 g Dunstmehl
20 g Butter

Für das Erbsenpüree:
150 g blanchierte Erbsen
10 g Speckschwarte
1 feingehackte Schalotte
100 ml Gemüsefond
70 g Sahne

Für den Speckjus:
20 g Speck
60 g kalte Butter
1 Würfelzucker
1 Msp. Kümmel
3 Wacholderbeeren
1 kleiner Thymianzweig
½ Knoblauchzehe
20 ml Weißwein
10 ml Obstessig
200 ml Kalbsfond

Für die Kartoffelravioli:
1 mittelgroße Kartoffel
Salz
20 g kleingewürfelter Speck
60 ganze Erbsen
750 ml raffiniertes Pflanzenöl zum Fritieren

Zubereitung:

Für die Austern in Kopfsalat die Austern öffnen, säubern und aus den Schalen lösen. Die Kopfsalatblätter über Wasserdampf kurz garen und kalt stellen. Die Austern in die kalten Salatblätter einschlagen. Für das Erbsenpüree die Erbsen mit der Speckschwarte und der Schalotte anschwitzen. Den Gemüsefond angießen, aufkochen lassen und die Sahne dazugeben. Die Speckschwarte entfernen, alles andere im Mixer fein pürieren und durch ein Haarsieb streichen. Für den Speckjus den Speck mit 40 g Butter und dem Würfelzucker anrösten, bis der Zucker leicht karamelisiert. Die Gewürze, die Knoblauchzehe, den Weißwein und den Essig dazugeben und die Flüssigkeit etwa auf die Hälfte reduzieren. Den Kalbsfond dazugeben und alles auf etwa 100 ml reduzieren. Den Jus mit der restlichen Butter leicht binden.

Für die Kartoffelravioli die Kartoffel schälen, in dünne Scheiben schneiden und leicht salzen. Je eine Kartoffelscheibe mit etwas Erbsenpüree, Speck und Erbsen belegen und mit einer Kartoffelscheibe bedecken. Das Ganze wie Ravioli einschlagen. Das Öl in einer Friteuse erhitzen, die Ravioli darin goldbraun ausbacken. Die Austernpäckchen mit dem Dunstmehl bestäuben und in der Butter kurz ausbraten. Mit dem Erbsenpüree und dem Speckjus anrichten.

MAULTASCHEN VON LACHS UND AUSTERN AUF KREBSRAGOUT MIT GURKEN

Zutaten:

(für 4 Personen)

Für den Nudelteig:
150 g Mehl
4 Eigelb
1 EL Öl
Salz
frisch geriebene Muskatnuß

Für die Füllung:
100 g Lachsfilet
100 g Crème double
Salz, Pfeffer
frisch geriebene Muskatnuß
20 Austern
70 g blanchierter Spinat

Für das Krebsragout:
1/4 l Fischfond
60 ml Riesling
250 g Crème double
5 ml Noilly Prat
30 g kalte gesalzene Butter
2 EL geschlagene Sahne
16 gegarte, ausgelöste Krebsschwänze
16 tournierte, blanchierte Gurkenstücke
1 EL feingeschnittener Schnittlauch

Zum Garnieren:
4 Krebsnasen
4 kleine Dillzweige

Zubereitung:

Für den Nudelteig alle Zutaten zu einem festen Teig verkneten. Den Teig zur Kugel formen und etwa 30 Minuten ruhen lassen. Dann zwei Rechtecke von etwa 25 x 15 cm dünn ausrollen. Das geht am besten mit einer Nudelmaschine.

Für die Füllung den Lachs im Mixer pürieren. Nach und nach die Crème double dazugeben und alles fein pürieren. Die Masse durch ein Haarsieb streichen, mit Salz, Pfeffer und Muskatnuß würzen. Die Austern öffnen, säubern, aus den Schalen lösen und trockentupfen. Das Austernwasser passieren und für das Krebsragout beiseite stellen. Die Teigplatten mit den Spinatblättern belegen und mit der Fischfarce bestreichen. Die Austern darauf legen. Die Teigplatten aufrollen. Die Rouladen in leicht gesalzenem Wasser etwa 10 Minuten pochieren. Sie müssen vom Wasser bedeckt sein.

Für das Krebsragout das Austernwasser, den Fischfond und den Wein aufkochen und auf $1/8$ l reduzieren. Die Crème double einrühren und wieder etwas reduzieren. Mit dem Noilly Prat abschmekken und mit der Butter aufmixen. Die geschlagene Sahne unterheben. Die Sauce mit Salz, Zitronensaft und Cayennepfeffer würzen, den Schnittlauch unterrühren. Die Krebsschwänze und die Gurken in der Sauce schwenken.

Das Krebsragout auf einen Teller geben. Die Rouladen in Scheiben schneiden und auf dem Ragout anrichten. Mit je einer Krebsnase und einem Dillzweig garnieren.

MAULTASCHEN VON LACHS UND AUSTERN AUF KREBSSCHAUMSAUCE MIT GURKEN

HECHT UND AUSTERN IN KARTOFFELTEIG AUF WEIßBURGUNDERSAUCE

Zutaten:

(für 4 Personen)

8 Austern
4 blanchierte Spinatblätter

Für die Hechtfarce:
150 g Hechtfilet
150 g kalte Sahne
Salz, Pfeffer
frisch geriebene Muskatnuß

Für die Fischsauce:
200 ml Fischfond
80 ml trockener badischer Weißburgunder
20 ml Noilly Prat
20 g Crème double

Für den Kartoffelteig:
200 g frisch gekochte mehlige Kartoffeln
2 Eigelb
Salz, Pfeffer
frisch geriebene Muskatnuß
je 50 g Grieß und Mehl

Zubereitung:

Die Austern öffnen, säubern, aus der Schale lösen und beiseite stellen. Für die Hechtfarce das Hechtfilet und die Sahne fein kuttern und durch ein Haarsieb streichen. Mit Salz, Pfeffer und Muskatnuß würzen. Für die Weißburgundersauce den Fischfond, den Weißwein und den Noilly Prat aufkochen lassen und auf etwa ein Drittel reduzieren. Die Crème double einrühren und die Sauce nochmals reduzieren, bis sie leicht sämig ist. Mit einigen Spritzern Weißburgunder verfeinern und aufmixen.

Für den Kartoffelteig die Kartoffeln durch die Kartoffelpresse drücken. Mit den restlichen Zutaten mischen und zu einem festen Teig verkneten. Den Teig auf bemehlter Arbeitsfläche etwa 2 mm dick zu einem Quadrat von etwa 30 x 30 cm ausrollen. Daraus Quadrate von je etwa 15 x 15 cm schneiden. In die Mitte jedes Quadrates 1 Eßlöffel von der Hechtfarce geben. Darauf je zwei Austern setzen. Den Teig über der Füllung zusammenklappen und zu einem Knödel formen. Jeden Knödel in ein Tuch einschlagen, leicht pressen und die Tücher zubinden. Die Knödel in reichlich leicht gesalzenem Wasser etwa 10 Minuten ziehen lassen. Die Knödel herausheben, abtropfen lassen und in je drei Scheiben schneiden. Auf der Weißburgundersauce anrichten. Dazu paßt grüner Spargel.

BADISCHE BRENNESSELSUPPE MIT GEBACKENEN AUSTERN UND KARTOFFELNUDELN

Zubereitung:

Die Austern öffnen, säubern, aus den Schalen lösen und trocken tupfen. Das Ei verquirlen. Die Austern durch das Ei ziehen und in den Semmelbröseln wenden.

Die Hälfte der Butter hell aufschäumen lassen. Die Frühlingszwiebel darin hell anschwitzen. Die Brennesselblätter dazugeben und zusammenfallen lassen. So lange bei starker Hitze kochen, bis das ganze Wasser verdunstet ist. Den Geflügelfond angießen, mit Salz würzen, etwa 5 Minuten bei starker Hitze kochen lassen. Alles mixen und nochmals aufkochen lassen. Die Crème double dazugeben und heißrühren, dann die restliche, eiskalte Butter einmixen. Nochmals heißrühren, aber nicht kochen lassen. Die Suppe mit Salz und Pfeffer abschmecken und die geschlagene Sahne unterrühren. Die Suppe in heißen Tellern oder Tassen anrichten. Das Pflanzenöl in einer Friteuse erhitzen und die Austern darin etwa 2 Minuten backen. Jeweils 3 Austern in einen Teller mit Suppe geben.

Zutaten:

(für 4 Personen)

12 Austern
1 Ei
100 g Semmelbrösel
60 g kalte Butter
30 g feingehackte Frühlingszwiebel
200 g Brennesselblätter
400 ml Geflügelfond
150 g Crème double
Salz, Pfeffer
2 EL geschlagene Sahne

750 ml raffiniertes Pflanzenöl zum Fritieren

AUSTERN NACH PICCATA ART
MIT CHESTERKÄSE, BROKKOLIGEMÜSE UND TOMATENCOULIS

Zutaten:

{für 4 Personen}

20 Austern
Mehl
4 Eier
50 g Chester
250 g kalte Butter
20 kleine Brokkoliröschen
5 Tomaten
2 feingehackte Schalotten
1 feingehackte Knoblauchzehe
Salz, Pfeffer
Zucker

Zubereitung:

Die Austern öffnen, säubern und aus den Schalen lösen. Die Austern vorsichtig abwaschen, kurz ansteifen, trockentupfen und mehlieren. Die Eier verquirlen, den Käse fein reiben. Die Austern erst durch die Eier ziehen, dann im Käse wenden. 60 g Butter in einer Pfanne zerlassen, die Austern in der frisch aufschäumenden Butter auf beiden Seiten goldgelb backen. Herausnehmen und auf ein Tuch legen.

Die Brokkoliröschen in kochendem Salzwasser garen, herausheben, kalt abschrecken und in 40 g Butter erwärmen.

Die Tomaten kleinschneiden und mit den Schalotten in 40 g Butter anschwitzen. Den Knoblauch dazugeben. Alles etwa 20 Minuten köcheln lassen und durch ein feines Sieb passieren. Mit der restlichen kalten Butter aufschlagen und mit Salz, Pfeffer und Zucker würzen.

GEBACKENE AUSTERN IN PERNODBUTTER AUF RAHMIGEM LAUCH

Zubereitung:

Die Austern öffnen, säubern und aus den Schalen lösen. Die Austern vorsichtig abwaschen, kurz ansteifen, trockentupfen und mehlieren. Die Eier verquirlen. Die Austern erst durch die Eier ziehen, dann in den Weißbrotbröseln wenden und in 80 g Butter von beiden Seiten knusprig braten.

Die Lauchrauten blanchieren, kalt abschrecken und in 60 g Butter anschwitzen. Mit dem Weißwein und der Fleischbrühe ablöschen. Die Sahne angießen. Alles etwa 6-8 Minuten köcheln lassen und durch ein Sieb gießen. Die Flüssigkeit auf etwa die Hälfte reduzieren, aufmixen und die Lauchrauten wieder dazugeben. Die Tomaten häuten, entkernen, in Würfel schneiden und vorsichtig unterrühren. Das Lauch-Tomaten-Gemüse mit Salz, Pfeffer und Zitronensaft abschmecken.

Die restliche Butter in einer Pfanne zum Schäumen bringen, mit Salz, Pfeffer, Pernod und Zitronensaft abschmecken.

Den Schnittlauch in feine Röllchen schneiden. Die Austern mit dem Lauch und der Pernodbutter anrichten und mit dem Schnittlauch bestreuen.

Zutaten:

(für 4 Personen)

20 Austern
100 g Mehl
4 Eier
200 g frisch geriebenes Weißbrot
200 g Butter
400 g Lauch, in Rauten geschnitten
100 ml Weißwein
100 ml Fleischbrühe
250 g Sahne
2 Tomaten
Salz, Pfeffer
Zitronensaft
40 ml Pernod
1 Bund Schnittlauch

AUSTERN MIT LACHSMUS IM MANGOLDBLATT AUS DEM OFEN

Zutaten:

(für 4 Personen)

20 Austern
160 g gut gekühltes Lachsfilet
Salz, Pfeffer
Zitronensaft
160 g Sahne
2 EL Crème fraîche
Noilly Prat
Pernod
4 große Mangoldblätter
3 EL Olivenöl
1 Knoblauchzehe
20 g zerlassene Butter zum Bestreichen
½ l Weißwein
¼ l Fischfond
200 g Sahne

Zubereitung:

Die Austern öffnen, säubern und aus den Schalen lösen. Die Austern vorsichtig abwaschen. Den Lachs in Würfel schneiden, mit Salz, Pfeffer und Zitronensaft würzen und fein pürieren. Vorsichtig die Sahne und die Crème fraîche untermontieren. Die Masse glatt rühren und mit Noilly Prat und Pernod abschmecken.

Die Mangoldblätter waschen und den Strunk entfernen. Salzwasser mit dem Olivenöl und der Knoblauchzehe aufkochen, die Mangoldblätter darin blanchieren, herausheben, abschrecken und auf ein Tuch legen.

Die Blätter mit der Lachsfarce bestreichen. Jeweils 5 Austern in die Mitte legen und mit Lachsfarce bedecken. Die Mangoldblätter darüberschlagen. Die Päckchen mit zerlassener Butter bestreichen. Eine feuerfeste Form mit Butter ausstreichen, die Päckchen hineinsetzen. Den Backofen auf 220°C vorheizen.

Den Weißwein und den Fischfond mischen und auf die Hälfte reduzieren. Die Sahne dazugeben und auf die Hälfte reduzieren. Die Sauce über die Mangoldpäckchen gießen. Die Mangoldpäckchen im Backofen 10 – 12 Minuten garen.

Die Sauce aufmixen, nochmals abschmecken und mit den halbierten Päckchen anrichten.

PAELLA VON VERSCHIEDENEN AUSTERN UND KANINCHEN AUF LIMETTENBUTTER

Zubereitung:

Den Reis waschen und gut abtropfen lassen.

Die Austern öffnen, säubern, aus den Schalen lösen und das Fleisch in eine Schüssel legen. Das Austernwasser durch ein feines Sieb auf die Austern passieren.

Die Schalotten und die Knoblauchzehe fein hacken und in der Hälfte des Olivenöls andünsten. Den Reis dazugeben und glasig andünsten. Dann den Safran und den Kaninchenfond hinzufügen. Das Ganze bei schwacher Hitze 25–30 Minuten köcheln lassen.

Die Tomaten am runden Ende kreuzweise einschneiden, in kochendem Salzwasser blanchieren, in Eiswasser abschrecken und häuten. Die Tomaten vierteln und die Kerne entfernen. Die Tomatenviertel in etwa 1 cm große Würfel schneiden. Die Zuckerschoten waschen, putzen, in Salzwasser blanchieren, in Eiswasser abschrecken und in Rauten schneiden. Die Kaninchenfilets grob schnetzeln.

Etwa 5 Minuten bevor der Reis gar ist, die Kaninchenfilets dazugeben. Zum Schluß die Tomaten, die Zuckerschoten und die Austern daruntermengen. Die Langostinos im restlichen Olivenöl rundherum anbraten. Die Zitrone heiß abwaschen und achteln. Die Paella mit Salz abschmekken und mit den Langostinos und Zitronenachteln garniert servieren.

Zutaten:

(für 4 Personen)

200 g Reis
8 Belon Austern
8 Fines de Claires Austern
8 Sylter Royal Austern
2 Schalotten
1 Knoblauchzehe
3 EL Olivenöl
1 g Safran
200 ml Kaninchenfond (ersatzweise heller Kalbsfond)
4 Tomaten
50 g Zuckerschoten
4 Kaninchenrückenfilets
8 Langostinos
1 Zitrone
Salz

AUSTERNSTRUDEL AUF JUNGEM SPITZKRAUT MIT CHAMPAGNER-KAVIAR-SAUCE

Zutaten

(für 4 Personen):

Für den Teig:
90 g Mehl
1 Prise Salz
45 ml Wasser
3 EL Öl

Für die Füllung:
100 g Langostinos (ohne Schale)
Salz
100 g kalte Sahne
24 Felsenaustern
1 Kopf junges Spitzkraut
Weißwein
Pfeffer
50 g gewürfelter Lauch
50 g gewürfelte Möhre
50 g gewürfelter Staudensellerie

Für die Sauce:
50 g feingeschnittene Champignons
2 feingehackte Schalotten
50 g feingehackter Dill
50 g Butter
100 ml Weißwein (Riesling)
50 ml Noilly Prat
200 ml Fischfond
200 g Crème double
Salz
50 ml Champagner
je 30 g Kaviar vom Stör, Lachs und Forelle

Zubereitung:

Für den Teig das Mehl, Salz, Wasser und 2 Eßlöffel Öl in 5–10 Minuten zu einem geschmeidigen Teig verkneten. Den Teig zur Kugel formen, mit dem restlichen Öl einreiben, abdecken und ruhen lassen.

Für die Füllung die Langostinos fein kuttern und salzen. Nach und nach die Sahne dazugeben und alles zu einer glatten Farce kuttern. Die Farce durch ein feines Sieb streichen und in einer Schüssel auf Eis glatt rühren.

Die Austern öffnen, säubern, aus den Schalen lösen und mit dem passierten Austernwasser in eine Schüssel geben. Vom Spitzkraut die Blätter ablösen. Die großen Blätter in Salzwasser blanchieren, herausheben und abtropfen lassen. Die zarten Blätter und das Herzstück in feine Julienne schneiden, kurz blanchieren und in Eiswasser abschrecken. Mit Weißwein bißfest garen. Mit dem Austernwasser und wenig Salz und Pfeffer abschmecken. Die Gemüsewürfel bißfest dünsten, salzen und kalt stellen.

Die Austern und die Gemüsewürfel unter die Langostinofarce heben, nochmals würzen. Die plattierten Kohlblätter mit der Masse bestreichen und zu einer Roulade von etwa 4 cm Durchmesser aufrollen. Den Strudelteig ausrollen und hauchdünn ausziehen. Die Roulade darin einrollen. Die Enden fest zusammendrücken. Den Strudel auf einem gefetteten Blech bei 200°C 15–20 Minuten backen.

Für die Sauce die Champignons, die Schalotten und den Dill in der Butter andünsten. Mit Weißwein und Noilly Prat ablöschen und auf die Hälfte reduzieren. Den Fischfond und die Crème double dazugeben. Die Sauce auf die Hälfte reduzieren, abpassieren und mit wenig Salz abschmecken. Kurz vor dem Servieren den Champagner und den Kaviar unterrühren.

Die Krautjulienne kurz erwärmen. Den Strudel aufschneiden und auf die Krautjulienne mit der Sauce anrichten.

AUSTERNSTRUDEL AUF JUNGEM SPITZKRAUT MIT CHAMPAGNER-KAVIAR-SAUCE

TELLERSÜLZE VON FELSENAUSTERN MIT MEERESBOHNEN UND KAVIARSCHMAND

Zutaten:

(für 4 Personen)

*24 Felsenaustern
400 ml Fischfond
200 g Meeresbohnen
(Passe Pierre; eine Algenart)
3 Blatt weiße Gelatine
12 Kirschtomaten
80 g Schmand
Limettensaft
Salz, Pfeffer
1 kleiner Kopf Frisée
1 kleiner Kopf Lollo Rossa
50 g Kaviar
4 Zweige Dill*

Zubereitung:

Die Austern öffnen, aus den Schalen lösen und in vier tiefen Tellern anrichten. Das Austernwasser passieren und mit dem Fischfond mischen. Die Meeresbohnen waschen, putzen und in kochendem Wasser ohne Salz blanchieren. Herausheben, in Eiswasser abschrecken und abtropfen lassen. Zwischen den Austern verteilen.

Die Gelatine einweichen. Den Fischfond mit dem Austernwasser erwärmen. Die Gelatine ausdrücken und darin auflösen. Die Flüssigkeit über die Austern und die Meeresbohnen gießen. Die Teller etwa 2 Stunden kalt stellen.

Die Kirschtomaten kreuzweise einschneiden, in Salzwasser blanchieren, in Eiswasser abschrecken und häuten. Von den Tomaten das obere Drittel abschneiden, die Tomate aushöhlen. Den Schmand mit Limettensaft, Salz und Pfeffer würzen und in die Tomaten füllen. Den Frisée und den Lollo Rossa putzen und gründlich waschen.

Wenn die Sülze fest ist, die Kirschtomaten in die Mitte setzen, mit Kaviar füllen und mit Dill garnieren. Die Salatblätter dekorativ auf der Sülze anrichten.

Dazu paßt Pumpernickelbrot mit Chesterkäse.

BELON AUSTERN IN DER SCHALE MIT LEMONENSCHAUM GRATINIERT

Zubereitung:

Die Austern öffnen, säubern, aus den Schalen lösen und in eine Schüssel legen. Die tiefen Schalen sorgfältig reinigen. 3 Limetten in Scheiben schneiden. Je 5 Limettenscheiben auf einen Teller legen und die Austernschalen darauf setzen. Die Gemüsebrunoise kurz blanchieren, in der Butter sautieren und auf die Austernschalen verteilen. Die Austern darauf setzen. Von der restlichen Limette mit einem Zestenreißer die Schale abhobeln und den Saft auspressen. Die Zesten mit etwas Zucker karamelisieren und mit dem Saft ablöschen. Den Weißwein und eventuell etwas Wasser dazugeben und die Zesten weich kochen.

Die Eigelbe mit dem Austernwasser und der Limettenreduktion im warmen Wasserbad aufschlagen. Die geschlagene Sahne unterheben und mit Salz und Pfeffer würzen. Die Masse über die Austern verteilen. Alles im Salamander (oder im Backofen bei starker Oberhitze) glacieren und sofort servieren.

Zutaten:

(für 4 Personen)

20 Belon Austern
4 unbehandelte Limetten
100 g Gemüsebrunoise
(Lauch, Möhre, Sellerie)
80 g Butter
Zucker
1/8 l trockener Weißwein
3 Eigelb
125 g geschlagene Sahne
Salz, Pfeffer

AUSTERN IM MAISTEIG AUF DREIERLEI PAPRIKASAUCEN MIT GEBACKENEM GEMÜSE

Zutaten:

(für 4 Personen)

1 Sellerieknolle
1 Stange Lauch
20 Austern
100 g Gemüsebrunoise (Artischocken, Fenchel, Tomaten)
2 EL Olivenöl
10 Blatt Maisteig (Feinkostgeschäft)
je 2 rote, gelbe und grüne Paprikaschoten
100 g Butter
Salz, Pfeffer
750 ml raffiniertes Pflanzenöl zum Fritieren
20 Sellerieblätter

Zubereitung:

Die Sellerieknolle und die weißen und hellgrünen Teile vom Lauch in Julienne schneiden. Die Austern öffnen, säubern und aus den Schalen lösen. Das Austernwasser passieren und mit den Austern in eine Schüssel geben. Die Gemüsebrunoise kurz in dem Olivenöl sautieren und andünsten.

Die Maisteigblätter ausbreiten, die Gemüsebrunoise darauf verteilen, die Austern darauf setzen und die Teigblätter einschlagen. Die Päckchen kühl stellen.

Den Backofen auf 225 °C vorheizen. Die Paprikaschoten am Stielansatz einschneiden, von den Kernen befreien und für etwa 2 Minuten in den Backofen schieben. Herausnehmen, etwas abkühlen lassen und die Haut abschälen. Das Fruchtfleisch kleinschneiden und jede Sorte getrennt mit etwas Austernwasser und Wasser im Mixer fein pürieren. Jede Sorte mit etwas Butter in einer Sauteuse erwärmen und mit Salz und Pfeffer würzen.

Das Pflanzenöl in einer Friteuse erhitzen und die Lauch- und Selleriejulienne sowie die Sellerieblätter darin knusprig ausbacken. Die Austernpäckchen im Backofen bei 200°C etwa 4 Minuten backen. Mit den Saucen und dem Gemüsestroh anrichten und mit den Sellerieblättern garnieren.

FINES DE CLAIRES AUSTERN IN KARTOFFELKRUSTE GEBACKEN AUF MEERESBOHNEN UND SCHNITTLAUCHBUTTER

Zubereitung

Die Austern öffnen, säubern und aus den Schalen lösen. Die Kartoffeln durch die Kartoffelpresse drücken, mit 2 Eigelben vermischen und mit Salz und Pfeffer würzen. Die Masse halbieren und jede Hälfte zwischen zwei Tüchern ausrollen. Auf der einen Hälfte die Austern verteilen und mit dem restlichen Eigelb bestreichen. Die zweite Teighälfte darauf legen. Mit einer Ausstechform, die etwas größer als die Auster sein muß, Plätzchen (wie Ravioli) ausstechen. Die Teigplätzchen in Grieß wenden.

Die Meeresbohnen putzen, waschen und kurz in 20 g Butter ansautieren.

Die Schalotte in kleine Würfel schneiden und in 10 g Butter anschwitzen. Mit dem Weißwein ablöschen. Die Flüssigkeit auf die Hälfte reduzieren. Den Schnittlauch waschen und fein schneiden. Die restliche Butter unter die Schalotten-Weißwein-Mischung mixen, die Schnittlauchröllchen unterrühren.

Das Öl erhitzen und die Austernpäckchen darin goldbraun fritieren. Die Meeresbohnen auf vier Teller verteilen, die Austern darauf anrichten und mit der Schnittlauchbutter umgießen.

Zutaten:

(für 4 Personen)

20 Austern
3 frischgekochte mehligkochende Kartoffeln
3 Eigelb
Salz, Pfeffer
etwas Grieß
200 g Meeresbohnen (Passe Pierre; Haricots verts de mer; eine Algenart)
330 g kalte Butter
1 Schalotte
1/4 l Weißwein
1/2 Bund Schnittlauch
750 ml raffiniertes Pflanzenöl zum Fritieren

GEBACKENE AUSTERN AUF KALTER CURRYSAUCE MIT KAPERN

Zutaten:

(Vorspeise für 6 Personen)

Für die Currysauce:
1 feingehackte Schalotte
¼ kleingeschnittene Banane
½ kleingeschnittener Apfel
50 g Butter
1 EL Curry
⅛ l Weißwein
125 g Crème fraîche
⅛ l Fleischbrühe

Für die gebackenen Austern:
18 Fines de Claires Austern
50 g Mehl
1 verquirltes Ei
100 g Semmelbrösel
750 ml raffiniertes Pflanzenöl
zum Fritieren
1 feingehackte Schalotte
250 g Zucchinibrunoise
2 EL Olivenöl
100 g abgezogene Tomatenwürfel
24 abgezogene Cocktailtomaten
10 Blätter Basilikum

Zum Garnieren:
100 g Lauch- und Selleriejulienne
42 Kapern

Zubereitung:

Für die Sauce die Schalotte, die Banane und den Apfel in der Butter anschwitzen. Den Curry dazugeben. Mit dem Weißwein ablöschen. Die Crème fraîche und die Brühe unterrühren. Alles aufkochen und auf etwa ¼ l reduzieren. Die Sauce kalt stellen.

Für die gebackenen Austern die Austern öffnen, säubern, aus den Schalen lösen und auf Küchenpapier trockentupfen. Die Austern erst in dem Mehl, dann in dem Ei wenden. Mit den Semmelbröseln panieren. Das Öl in einer Friteuse erhitzen und die Austern darin goldbraun ausbacken.

Die Schalotte und die Zucchinibrunoise in dem Olivenöl kurz ansautieren. Die Tomatenwürfel und die Cocktailtomaten dazugeben. Das Basilikum in Streifen schneiden und das Tomaten-Zucchini-Gemüse damit würzen. Die Lauch- und Selleriejulienne ebenfalls in dem heißen Öl in der Friteuse kurz fritieren.

Die Sauce und das Tomaten-Zucchini-Gemüse auf sechs Teller verteilen. Die Austern trockentupfen und auf der Sauce anrichten. Mit den Julienne und den Kapern garnieren.

AUSTERNPARFAIT MIT MARINIERTEN SOMMERGEMÜSEN

Zubereitung:

Für das Gelée die Gelatine einweichen. Den Fischfond leicht erwärmen und die ausgedrückte Gelatine darin auflösen. Sechs Timbaleförmchen damit ausgießen.

Die Austern öffnen, säubern und aus den Schalen lösen. Das Austernwasser passieren und beiseite stellen.

Wenn das Gelée leicht angezogen hat, die Gemüsebrunoise und je 1 Auster darauf verteilen.

Für das Parfait die restlichen Austern in dem Austernwasser kurz pochieren, mit dem Pürierstab pürieren und durch ein feines Sieb passieren. Den Fischfond und den Champagner dazugeben, alles aufkochen, auf etwa 200 ml reduzieren und etwas abkühlen lassen. Die Gelatine einweichen, ausdrücken und in der lauwarmen Flüssigkeit auflösen. Wenn das Parfait zu stocken beginnt, sofort die geschlagene Sahne unterheben. Das Parfait in die Timbaleförmchen füllen. Etwa 6 Stunden kalt stellen. Das Sommergemüse kurz blanchieren.

Für das Salatdressing alle Zutaten kräftig miteinander verrühren. Das Gemüse in dem Dressing etwa 1 Stunde marinieren.

Zum Servieren die Timbaleförmchen kurz in heißes Wasser tauchen, die Parfaits auf sechs Teller stürzen, mit dem marinierten Gemüse anrichten und mit den Kräutern garnieren.

Zutaten für 6 Personen:

Für das Gelée:
4 Blatt weiße Gelatine
¼ l Fischfond
18 Sylter Royal Austern
2 EL Gemüsebrunoise

Für das Parfait:
⅛ l Fischfond
100 ml Champagner
3 ½ Blatt Gelatine
120 g geschlagene Sahne
250 g in Würfel geschnittenes Sommergemüse

Für das Salatdressing:
10 ml Zitronensaft
10 ml Balsamessig (Aceto balsamico)
Salz, Pfeffer
60 ml Olivenöl
60 ml Nußöl

Zum Garnieren:
frische Kräuter nach Belieben

JACOBSMUSCHELN UND AUSTERN IN SCHALOTTENVINAIGRETTE

Zutaten:

(für 4 Personen)

Für die Schalottenvinaigrette:
1 EL Zitronensaft
1 EL Balsamessig
Salz, Pfeffer
90 ml Olivenöl
1 feingehackte Schalotte

Für die Jacobsmuscheln und Austern:
1 reife Avocado
12 Jacobsmuscheln ohne Schale
2 gehäutete Tomaten
6 Belon Austern

Zum Garnieren:
Feldsalat und Chicoréeblätter
frische Kräuter (z.B. Basilikum, Estragon,
Schnittlauch, Kerbel)

Zubereitung

Für die Schalottenvinaigrette alle Zutaten kräftig miteinander verrühren.

Die Avocado schälen, das Fruchtfleisch in Würfel schneiden. 9 Jacobsmuscheln und die Tomaten ebenfalls in Würfel schneiden. Alles vorsichtig mischen und mit zwei Dritteln der Vinaigrette marinieren. Die Austern öffnen, säubern und aus den Schalen lösen.

Die Salatblätter kreisförmig auf vier Tellern anrichten, die marinierten Muschel-Avocado-Tomaten-Würfel in die Mitte legen.

Die restlichen Jacobsmuscheln in feine Scheiben schneiden. Die Scheiben und je eine Auster auf den Muschel-Avocado-Tomaten-Würfeln anrichten. Das restliche Dressing darüber träufeln und mit Kräutern garnieren.

RAGOUT VON AUSTERN UND KREBSSCHWÄNZEN IN CHAMPAGNER

Zubereitung:

Die Austern öffnen, säubern und aus den Schalen lösen. Die Bärte entfernen, das Austernwasser passieren und die Austern darin aufbewahren. Die Salatblätter ausbreiten und mit der Fischfarce bestreichen. Auf jedes Salatblatt 1 Auster legen. Die Salatblätter über den Austern zusammenklappen. Etwas Weißwein und Austernwasser erhitzen und die Päckchen darin auf jeder Seite 1–2 Minuten vorsichtig pochieren. Kurz bevor sie fertig sind, die restlichen Austern und die Krebsschwänze dazugeben und erwärmen.

Aus der Schalotte, den Gemüsebrunoise und den restlichen Zutaten eine schaumige Sauce kochen. Den Champagner und die Butter erst zum Schluß einmixen, mit Salz und Pfeffer würzen.

Die Austern und die Krebsschwänze auf vier Tellern anrichten, die Sauce darüber gießen. Mit Brokkoli- und Blumenkohlröschen und je 1 Fleuron garnieren.

Zutaten:

(für 4 Personen)

12 Imperial Austern
4 blanchierte Kopfsalatblätter
4 EL Fischfarce
etwas Weißwein
16 ausgelöste Krebsschwänze

Für die Sauce:
1 feingehackte Schalotte
1 Stange Lauch, in feine Brunoise geschnitten
1 Stange Staudensellerie, in feine Brunoise geschnitten
100 ml Fischfond
100 ml trockener Weißwein
300 g Crème double
40 g kalte Butter
100 ml Champagner
Salz, Pfeffer

Zum Garnieren:
Einige gekochte Brokkoli- und Blumenkohlröschen
4 Blätterteigfleurons

AUSTERN UND KAVIAR IN PUMPERNICKEL-GELEE-MANTEL MIT CHAMPAGNERVINAIGRETTE

Zutaten:

(für 1 Terrinenform, Inhalt etwa 1 l)

8 Blatt weiße Gelatine
½ l geklärter Fischfond
¼ l Consommé
200 g feingehackter Pumpernickel
150 g Kaviar
8 blanchierte Mangoldblätter
Concassé von 8 Tomaten
15–20 ausgelöste Imperial Austern
150 g marinierter Lachs in feinen Scheiben

Für die Champagnervinaigrette:
2 feingehackte Schalotten
4 EL Champagneressig
3 EL Traubenkernöl
3 EL Olivenöl
Salz, Pfeffer
gemahlener Koriander

Zubereitung:

Die Gelatine einweichen. Den Fischfond und die Consommé erwärmen und die ausgedrückte Gelatine darin auflösen. Eine Terrinenform mit etwas Geleeflüssigkeit ausgießen. Das Gelee stocken lassen. Erst etwas Pumpernickel, dann etwas Kaviar in die Terrinenform schichten, dazwischen immer etwas Gelee gießen und stocken lassen.

Die Mangoldblätter überlappend ausbreiten. Die Tomatenconcassé darauf verteilen und mit den Austern und den Lachsscheiben belegen. Zu einer Roulade formen. Die Roulade in die Mitte der Terrinenform setzen, weiter Pumpernickel, Kaviar und Gelee einschichten. Die fertige Terrine 2–3 Stunden durchkühlen lassen.

Für die Vinaigrette die Schalotten, den Champagneressig und das Traubenkern- und Olivenöl mischen und mit den Gewürzen abschmecken. Die Vinaigrette zu der Terrine reichen. Dazu paßt Selleriesalat.

TATAR VON AUSTERN MIT KORIANDER UND HUMMERÖL MARINIERT AUF SALAT VON JUNGEM SPINAT

Zutaten:

(für 4 Personen)

Für das Tatar:
16 große Imperial Austern
1 feingehackte Schalotte
¼ Bund feingehacktes Koriandergrün
2 EL Hummeröl (Feinkosthandel)
1 EL hauchfeine Selleriebrunoise
Salz, Pfeffer

Für die Champagnervinaigrette:
2 feingehackte Schalotten
3 EL Traubenkernöl
3 EL Olivenöl
4 el Champagneressig
Salz, Pfeffer
gemahlener Koreander

Außerdem:
180 g junger Spinat
einige Korianderblätter
einige Karottenkugeln
1 EL Crème fraîche

Zubereitung:

Die Austern öffnen, säubern, aus den Schalen lösen und die Bärte entfernen. Die Austern in kleine Würfel schneiden. Mit den anderen Zutaten vermengen und mit Salz und Pfeffer würzen.

Für die Champagnervinaigrette die Schalotten mit dem Champagneressig, dem Traubenkern- und dem Olivenöl vermischen. Mit Salz, Pfeffer und gemahlenem Koriander würzen.

Die Spinatblätter waschen, putzen und trockentupfen. Auf vier Teller verteilen und mit der Champagnervinaigrette beträufeln. Je 1 gehäuften Eßlöffel Austerntatar darauf setzen. Das Gericht mit Korianderblättern, Karottenkugeln und Crème fraîche garnieren.

Dazu passen Chesterstangen.

GEBACKENE KALBSFILETSCHEIBEN MIT AUSTERNTATAR GEFÜLLT IN LIMETTE UND ROTEM THAICURRY

Zutaten:

(für 4 Personen)

8 Scheiben Kalbsfilet à 60 g
16 große Imperial Austern
3 feingehackte Schalotten
100 g kalte Butter
Salz, Pfeffer
3 feingehackte Basilikumblätter
100 g Mehl
2 verquirlte Eier
1 geriebenes Toastbrot
roter Thaicurry (Asienladen)
40 ml Noilly Prat
100 ml heller Kalbsfond
4 filierte Limetten
¼ l Sojaöl

Zubereitung:

Die Filetscheiben zwischen Klarsichtfolie leicht plattieren. Die Austern öffnen, säubern und aus den Schalen lösen. Das Austernwasser passieren. Die Austern vom Bart befreien, auf einem Küchentuch trocknen und fein hacken.

1 Schalotte in 1 Eßlöffel Butter glasig dünsten, unter die Austern mischen, mit Salz und Pfeffer würzen. Das Basilikum unterrühren.

Die Filetscheiben mit dem Austerntatar füllen und wie kleine Taschen zusammenklappen. Die Ränder gut festdrücken. Die Täschchen mit Salz und Pfeffer würzen, mehlieren, durch die Eier ziehen, in den Toastbrotbröseln wenden und beiseite stellen.

1 Eßlöffel Butter zerlassen, die restlichen Schalotten darin glasig dünsten. 1 gute Messerspitze Thaicurry dazugeben und mitdünsten. Mit dem Noilly Prat ablöschen. Den Kalbsfond und das Austernwasser dazugeben, aufkochen und auf 40 ml reduzieren. Die Reduktion mit der restlichen Butter aufmontieren. Zum Schluß die Limettenfilets dazugeben und die Sauce nochmals abschmecken.

Das Sojaöl erhitzen und die Kalbsfilettäschchen darin schnell goldgelb ausbacken. Die Füllung muß kühl bleiben. Herausheben und auf einem Tuch trocknen. Mit der Sauce auf heißen Tellern anrichten.

GEMÜSECHARLOTTE MIT AUSTERN IN TRÜFFEL-CHAMPAGNER-SCHAUM

Zubereitung:

Die weißen und hellgrünen Teile vom Lauch in feine Streifen schneiden. In der Hälfte der Butter dünsten und mit der sauren Sahne, Salz, Pfeffer, Zucker und Zitronensaft abschmecken. Gleichzeitig auch das andere Gemüse getrennt in der restlichen Butter dünsten und mit Salz, Pfeffer und Muskatnuß würzen.

Die Austern öffnen, säubern, aus den Schalen lösen und die Bärte entfernen. Das Austernwasser passieren. Die Austern kurz im eigenen Saft erwärmen. Den Backofen auf 180°C vorheizen.

Den Boden von zwei Souffléformen (8–12 cm Durchmesser) mit gebuttertem Pergamentpapier auslegen, darauf je 1 Kohlrabischeibe, die Hälfte des Spinats, 3 Austern, die Hälfte der Möhren- und Kohlrabistifte, die Hälfte des Lauchs und wieder 1 Kohlrabischeibe setzen. Die Förmchen mit Alufolie verschließen. Die Gemüseschalotte im Backofen etwa 11 Minuten garen.

Währenddessen das Austernwasser und den Champagner mischen und mit Salz, Cayennepfeffer und Zitronensaft würzen. Das Eigelb verquirlen und unterrühren. Alles im warmen Wasserbad cremig aufschlagen. Die Trüffelbrunoise unterheben.

Die Gemüsecharlotte aus den Förmchen stürzen und mit der Sauce überziehen.

Zutaten:

(für 2 Personen)

1 Stange Lauch
50 g Butter
1 EL saure Sahne
Salz, Pfeffer
Zucker
Zitronensaft
50 g blanchierter Spinat
80 g Möhrenstifte
80 g Kohlrabistifte
4 dünne Kohlrabischeiben
frisch geriebene Muskatnuß
6 Austern
100 ml Champagner
Cayennepfeffer
1 Eigelb
35 g Trüffelbrunoise

KARTOFFEL-KRESSE-PÜREE MIT GARNELENSPIEßCHEN UND GERÖSTETEN AUSTERN IN PAPRIKAÖL

Zutaten:

(für 4 Personen)

Für das Paprikaöl:
12 EL mildes Olivenöl
4 kleine, gewürfelte Schalotten
1 Msp. gehackter Knoblauch
1 rote gehäutete und gewürfelte Paprikaschote
Saft von ½ Zitrone
1 EL Champagneressig
Salz, Pfeffer, Cayennepfeffer

Für das Kartoffel-Kresse-Püree:
500 g geschälte Kartoffeln
70 g Butter
80 ml Milch
Salz, Pfeffer
frisch geriebene Muskatnuß
100 g blanchierte Brunnenkresseblätter

Außerdem:
24 Austern
Zitronensaft
Pfeffer
Mehl
12 Garnelen ohne Schale
Öl

Zubereitung:

Für das Paprikaöl am Vortag alle Zutaten in einer Schüssel mischen und zugedeckt im Kühlschrank ziehen lassen.

Für das Kartoffel-Kresse-Püree die Hälfte der Kartoffeln in kleine Würfel schneiden, weich blanchieren, kalt abschrecken und beiseite stellen. Die restlichen Kartoffeln kleinschneiden, mit der Butter und der Milch weichkochen, mit dem Kartoffelstampfer fein zerdrücken und mit Salz, Pfeffer und Muskatnuß würzen. Die Brunnenkresse und die Kartoffelwürfel unter das Püree heben, warm stellen.

Die Austern öffnen, säubern und aus den Schalen lösen. Das Austernwasser passieren und beiseite stellen. Die Austern mit Zitronensaft und Pfeffer würzen und mehlieren. Je 3 Garnelen auf vier kleine Holzspießchen stecken. In zwei Pfannen etwas Öl erhitzen, in der einen Pfanne die Austern, in der anderen die Garnelenspießchen schnell anbraten. Herausnehmen und auf Küchenpapier abtropfen lassen. Das Püree auf die Tellermitte geben, die Spießchen darauf, die Austern um das Püree arrangieren. Das Paprikaöl mit 4 Eßlöffeln Austernwasser verrühren und die Austern damit nappieren.

HAMBURGER VON FRISCHEN AUSTERN

Zubereitung:

Den Backofen auf 200°C vorheizen.

Den Blätterteig etwa 2 mm dick ausrollen. Mit einer Kaffeetasse 8 kleine Taler ausstechen. Die Blätterteigtaler mit dem Eigelb bestreichen, mit dem Sesam bestreuen und im Backofen goldgelb backen.

Die Austern öffnen, säubern, aus den Schalen lösen und die Bärte entfernen. Die Austern in große Würfel schneiden.

4 Blätterteigtaler mit je einem Salatblatt belegen. Je 1 Eßlöffel Crème fraîche darauf setzen. Die Austernwürfel und den Kaviar darauf verteilen und mit dem Schnittlauch bestreuen. Zum Schluß noch je 1 Eßlöffel Crème fraîche darauf setzen. Die restlichen Blätterteigtaler als Deckel aufsetzen. Die „Hamburger" servieren.

Zutaten:

(für 4 Personen)

4 Blätter Tiefkühl-Blätterteig
1 verquirltes Eigelb
2 EL heller, ungerösteter Sesam
8–12 Austern
4 Salatblätter
40 g Crème fraîche
80 g Kaviar
2 EL feingeschnittener Schnittlauch

AUSTERN-CHAMPAGNER-SUPPE

Zutaten:

(für 4 Personen)

4 Austern
1 l reduzierter Fischfond
300 g Crème double
¼ l Champagner
Noilly Prat
8 Scheiben Toastbrot
40-80 g Kaviar
20 g kalte Butter

Zubereitung:

Die Austern öffnen, säubern, aus den Schalen lösen und die Bärte entfernen. Das Austernwasser passieren.
    Den Fischfond und die Crème double aufkochen und um etwa ein Drittel reduzieren. Mit dem Champagner, Noilly Prat und dem Austernwasser abschmecken. Das Toastbrot rösten und zuschneiden. In jeden Teller 2 Scheiben Toastbrot geben. Auf die eine Scheibe eine Auster setzen, auf die andere etwas Kaviar.
    Die Suppe mit der Butter aufmixen und vorsichtig angießen.

GEEISTE KRÄUTERESSENZ MIT FRISCHEN AUSTERN

Zubereitung:

Den Fischfond mit den Kräuten aufkochen und reduzieren. Die Essenz erkalten und gelieren lassen. Das Gelee sollte schnittfest sein. Wenn die Essenz nicht genügend geliert, 2–3 Blatt weiße Gelatine einweichen, auflösen und unter die Essenz rühren. Das Gelee in Würfel schneiden und auf 4 Glastellern anrichten.

Die Austern öffnen, säubern, aus den Schalen lösen und die Bärte entfernen. Die Austern auf das Gelee geben und mit den Gartenkräutern garnieren. Vier große Teller mit gestoßenem Eis füllen, die Glasteller darauf setzen und servieren.

Zutaten:

(für 4 Personen)

1 l Fischfond
100–150 g frische, gehackte Kräuter
(Petersilie, Kerbel, Schnittlauch)
12–24 Austern
frische Gartenkräuter zum Garnieren

PARFAIT VON RÄUCHERFISCH UND AUSTERN

Zutaten:

(für 1 Terrinenform, Inhalt etwa 1 l)

250 g geräuchertes Fischfilet
150 g geklärter Fischfond
100 ml Weißwein
50 ml Noilly Prat
10 ml Pernod
Saft von ½ Zitrone
4 Blatt weiße Gelatine
400 g geschlagene Sahne
½ Bund gehackter Dill
je 20 g Möhren-, Zucchini- und Kohlrabibrunoise
15 Austern
10 Spinatblätter

Zubereitung:

Den Räucherfisch und den Fischfond aufkochen, mit der Hälfte des Weißweins, dem Noilly Prat, Pernod und Zitronensaft abschmekken. Mixen und durch ein feines Sieb passieren.

Die Gelatine einweichen. Den restlichen Weißwein erwärmen, die Gelatine darin auflösen und unter die Räucherfischmasse rühren. Die Masse auskühlen lassen. Dann die Sahne, den Dill und die Gemüsebrunoise unterheben.

Die Austern öffnen, säubern, aus den Schalen lösen und die Bärte entfernen. Die Austern auf Küchenpapier trockentupfen. Den Spinat von den groben Stielen befreien und blanchieren.

Eine Terrinenform mit Klarsichtfolie auskleiden. Die Hälfte der Parfaitmasse einfüllen. In der Mitte mit einem Löffel eine Rinne ziehen. Diese mit den Spinatblättern auskleiden, etwas Parfaitmasse darauf verteilen, die Austern hineinlegen und wieder mit etwas Parfaitmasse bestreichen. Die Spinatblätter darüber klappen. Die restliche Parfaitmasse darüber verteilen. Die Form abdecken und das Parfait über Nacht im Kühlschrank fest werden lassen.

WIRSINGWICKEL MIT FLUSSZANDER, SAIBLING UND AUSTERN IM WURZELSUD

Zubereitung:

Die Austern öffnen, säubern, aus den Schalen lösen und die Bärte entfernen. 4 Austern und das Hechtfilet in Stücke schneiden, salzen und fein kuttern. Das Ei und nach und nach die Crème double einkuttern. Die Farce mit Salz und Pfeffer abschmecken, durch ein Haarsieb streichen, kalt stellen. Dann die Sahne unterziehen.

Die Zanderscheiben leicht plattieren, mit Salz würzen. Die Wirsingblätter von der dicken Mittelrippe befreien. Auf einem Tuch je 2 Blätter zusammenlegen und trockentupfen. Die Zanderscheiben darauf verteilen, mit der Farce bestreichen und mit Saiblingstreifen und je 3 Austern belegen. Die Blätter aufrollen. Die Bratfolien mit Butter bestreichen, die Wirsingwickel darin einrollen, die Enden zubinden.

Für den Wurzelsud das Gemüse in grobe Würfel schneiden. Mit den übrigen Zutaten aufkochen, leicht mit Salz und Pfeffer würzen und auf die Hälfte reduzieren.

Für die Einlage das Gemüse möglichst fein tournieren und jede Sorte für sich in Salzwasser garen.

Den Weißwein, den Noilly Prat und die Schalotte aufkochen, ½ l von dem Wurzelsud durch ein Sieb dazugießen und auf ein Drittel reduzieren. Mit Salz und Pfeffer abschmecken. Das vorbereitete Gemüse darin erwärmen.

Die Wirsingwickel im heißen, nicht kochenden Wasser 12–15 Minuten pochieren. Jeden Wickel in drei gleich große Stücke schneiden, in den Sud legen und servieren.

Zutaten:

(für 4 Personen)

Für die Wirsingwickel:
16 Sylter Royal Austern
100 g gut gekühltes Hechtfilet
Salz
1 Ei
100 g Crème double
Pfeffer
3 EL geschlagene Sahne
400 g Zanderfilet in dünnen Scheiben
8 große, blanchierte Wirsingblätter
40 g Saiblingfilet in feinen Streifen
4 Blatt Bratfolie
Butter zum Bestreichen

Für den Wurzelsud:
1 Möhre
½ Lauchstange
1 Stück Sellerieknolle (etwa 50 g)
150 ml Weißwein
1 EL Weißweinessig
1 l Fischfond
Salz, Pfeffer

Für die Einlage:
80 g Möhren
80 g Staudensellerie
80 g Lauch
80 g Kaiserschoten
4 Broccoliröschen

Außerdem:
100 ml Weißwein
20 ml Noilly Prat
1 feingehackte Schalotte
Salz, Pfeffer

GARNELEN UND AUSTERN MIT WEISSEM SPARGEL IM MAISBLATT GEBACKEN AUF RATATOUILLEGEMÜSE

Zutaten:

(für 4 Personen)

Für die Füllung:
8 Sylter Royal Austern
400 g Garnelenschwänze (ohne Schale)
Salz, Pfeffer
Zitronensaft
50 g Butter
12 Stangen weißer Spargel
150 g Lachsfilet
150 g Sahne
1 Ei
je 20 g Möhren- und Zucchinibrunoise
200 g frischer Spinat
8 Maisblätter (Asienladen)

Für die Sauce:
250 g feingewürfelte Paprikaschote
50 g feingehackte Schalotten
100 g Tomatenwürfel
¼ Knoblauchzehe
50 g Butter
Salz, Pfeffer
Zitronensaft
40 ml Weißwein
¼ l Gemüsefond
je 40 g Möhren-, Zucchini-, Tomaten-, gelbe und rote Paprikabrunoise
½ TL feingehackte Thymianblättchen
2 EL geschlagene Sahne
einige Thymianblättchen

Zubereitung:

Die Austern öffnen, säubern und aus den Schale lösen. Die Bärte entfernen. Die Garnelenschwänze mit Salz, Pfeffer und Zitronensaft würzen und in der heißen Butter kurz anbraten. Den Spargel schälen, in Salzwasser garen, die Spitzen abschneiden und den Rest in Würfel schneiden.

Das Lachsfilet, die Sahne und das Ei fein pürieren. Die Masse mit Salz würzen und die Gemüsewürfel unterheben. Den Backofen auf 180°C vorheizen. Den Spinat von den groben Stielen befreien, waschen, blanchieren, abtropfen lassen und ausbreiten. Schichtweise je 1 Blatt mit der Farce, den Garnelenschwänzen, Austern und Spargelwürfeln belegen, mit 1 Spinatblatt abdecken. Je 1 Päckchen auf 1 Maisblatt setzen. Das Blatt zu einem kleinen Säckchen formen und mit Küchengarn zubinden. Die Säckchen im Backofen etwa 12 Minuten backen.

Für die Sauce die Paprika-, die Schalotten- und die Tomatenbrunoise sowie die Knoblauchzehe in der Hälfte der Butter andünsten, mit Salz, Pfeffer und Zitronensaft würzen. Den Weißwein und den Gemüsefond angießen und um die Hälfte reduzieren. Die Sauce mixen und durch ein Sieb passieren. Die Gemüsewürfel in der restlichen Butter andünsten und in die Sauce geben. Die Sauce mit Thymian abschmecken und die geschlagene Sahne unterheben. Die Sauce mit den halbierten Maissäckchen anrichten und mit den Spargelspitzen und den Thymianblättchen garnieren.

GARNELEN UND AUSTERN MIT WEISSEM SPARGEL IM MAISBLATT GEBACKEN AUF RATATOUILLEGEMÜSE

„… und als ich die kalte Flüssigkeit aus jeder Muschel trank und sie mit dem frischen Geschmack des Weines hinunterspülte, verlor ich das leere Gefühl und fing an glücklich zu sein und Pläne zu machen."

Wie beschwingt wäre Ernest Hemingway erst gewesen, hätte er sich Champagner statt Wein reichen lassen! So sehr ich Chablis, Sancerre, Muscadet oder einen herrlichen Coulée de la Serrant zu Austern schätze, bleibt für mich der Königsbegleiter für diese kapriziösen Meeresfrüchte in ihrem Perlmuttbett unbestreitbar der Champagner.

Ich traf fortgeschrittene Gourmets, die eine Belon vorzugsweise mit einem großen Jahrgangschampagner, eine „Creuse" dagegen lieber mit einem klassischen Brut kombinieren. Ich weiß nicht, ob diese Nuancen wirklich nachahmenswert oder auch nur nachvollziehbar sind. Fest steht jedenfalls, daß die Austern – ob frisch oder in den hier präsentierten Zubereitungen großer Kochkünstler – zu den delikatesten Gaumenfreuden gehören. Im Bereich der kulinarischen Genüsse symbolisieren sie – und hier ist die Analogie zu Champagner unbestreitbar – ein Stück erreichbaren Glücks.

Henri François-Poncet

anhänge

Glossar und Warenkunde

abhärten: in Japan werden die jungen Austern auf spezielle Gestelle aufgebracht. Hier sind sie mehrere Stunden pro Tide an der Luft und der Sonnenstrahlung ausgesetzt. Die Tiere wachsen nur langsam, viele sterben. Die verbleibenden Austern sind „abgehärtet".
Algenfütterung: Batch culture, z.B. in Irland praktizierte Portionsfütterungsweise der jungen Austern mit speziellen Algenkulturen
american cupped oyster: siehe Amerikanische Auster
Amerikanische Auster (Crassostrea virginica): tiefe Auster, die an der östlichen Atlantikküste der USA gefischt und gezüchtet wird
Aminosäuren: die Auster enthält alle wichtigen, essentiellen Aminosäuren, die der menschliche Organismus braucht. Diese werden zum Aufbau von arteigenem Eiweiß benötigt und müssen mit der Nahrung zugeführt werden
Apalachicola (Crassostrea virginica): tiefe Auster, Herkunftsbezeichnung für die Amerikanische Auster, wird bei Apalachicola gezüchtet
Aphrodisiakum: Austern gelten schon seit Jahrtausenden als Mittel zur Steigerung der Liebeslust und Potenz.
Arbeitshandschuhe: sie sind wichtig bei der Arbeit mit den Austern. Schutzhandschuhe sind auch empfehlenswert beim Öffnen der Austern.
atlantic oyster: siehe Amerikanische Auster
Austernarten: weltweit gibt es über 90 verschiedene Austernarten, gängig sind nur ein halbes Dutzend.
Austernerlaß: 1587 von König Friedrich II. erlassene Verordnung zur Einschränkung des Austernfangs, da die natürlichen Bestände durch die menschliche Ausbeutung stark gefährdet waren. Einführung der Austernfang-Pacht
Austerngenuß: früher waren die Austern in den Monaten ohne „r" tabu. Da sich die Lager- und Transportbedingungen aber wesentlich gebessert haben, kann man heute ohne weiteres auch in den Monaten ohne „r" Austern genießen.
Austerngeschlecht: die Ostrea edulis ist ein protandischer Zwitter, bei dem erst die männlichen, dann die weiblichen Geschlechtsprodukte reifen. Die Crassostrea gigas entfaltet sich dagegen getrenntgeschlechtlich. Sie wechselt immer wieder ihr Geschlecht, je nach Wassertemperatur und Nahrungsverhältnis.
Austernguillotine: ein hufeisenförmiges Lager, in das die Auster eingepaßt wird. Mit einem langen Hebel wird dann zum Öffnen ein messerartiger Dorn in die Auster gestoßen.
Austernmesser: spezielle Messertypen mit kurzer Klinge zum Öffnen der Auster und einem Schild, das vor Verletzungen schützt
Austernpark: Anlage zur Austernzucht in den Gezeitenzonen der Küstengebiete
Austernsetzlinge: junge Austern von cirka 10 bis 40 mm Länge und einem Gewicht bis cirka 20 g
Austernsorten: siehe Austernarten
Austernüberwinterungsanlage: besondere Anlage für die Überwinterung der Austern zum Schutz vor Frost und Eisgang
Austernzange: mit ihr wird der Rand der Auster an einer Stelle geknackt. Durch das entstehende Loch wird ein beliebiges Messer geschoben und der Schließmuskel durchtrennt. Die ungefährlichste Methode, eine Auster zu öffnen.

GLOSSAR UND WARENKUNDE

banc reproducteur: siehe Zuchtbank
Bart: Mantelrand, Haut am Weichkörper der Auster
Batch culture: siehe Algenfütterung
Belon Austern (Ostrea edulis): flache Auster, nach dem bretonischen Fluß Belon benannte Austernsorte (Ursprungsbezeichnung)
Belons: siehe Belon Austern
Bivalven: Muscheln
Blaue Navicula (Navicula ostrearia): eine mikroskopische Kieselalge, die natürlich wächst und den Austern bei Marennes / Ile d'Oléron als Nahrung dient und ihnen ihre grünliche Farbe verleiht
Blue Points (Crassostrea virginica): tiefe Auster, Amerikanische Auster, wird bei Long Island gezüchtet (Ursprungsbezeichnung)
bouquet: siehe Römische Ziegel
Bouzigues (Ostrea edulis): flache Austernsorte, die in der Bucht von Thau gezüchtet wird (Ursprungsbezeichnung)
Brutfang: siehe Brutsammler
Brutfänger: siehe Brutsammler
Brutsammler (Kollektoren): auf ihnen werden die Larven angesiedelt.

Cancale Austern (Crassostrea angulata, Crassostrea gigas): nach dem gleichnamigen Hafenstädtchen in der Bretagne benannte tiefe Auster (Ursprungsbezeichnung)
Cape Cods (Crassostrea virginica): tiefe Auster, Amerikanische Auster, wird bei Cape Cods gezüchtet (Ursprungsbezeichnung)
Chincoteagues (Crassostrea virginica): tiefe Auster, Amerikanische Auster, wird bei Chincoteagues gezüchtet (Ursprungsbezeichnung)
Claires: kleine Teiche, in denen an der französischen Atlantikküste die Austern gezüchtet werden. Claires werden auch die Austern genannt, die aus diesen Teichen stammen.
Colchester (Ostrea edulis): flache Auster, in England an der Themsemündung beheimatet (Ursprungsbezeichnung)
collecteurs: siehe Brutsammler
Côtes bleues: andere Bezeichnung für die Bouzigues, siehe dort
Crassostrea angulata: tiefe Auster, auch Portugiesische Auster, wurde in Portugal für die Austernzucht entdeckt
Crassostrea gigas: tiefe Auster, auch Pazifische Auster, stammt aus dem Pazific
Crassostrea virginica: tiefe Auster, auch Amerikanische Auster, an der Ostküste der USA beheimatet
Creuses de Cancale: siehe Cancale Austern
Creuses: in Frankreich Sammelbezeichnung für die tiefen Austernsorten

dégorgeoirs: Becken mit reinem, gefiltertem Meerwasser. In ihnen werden die Austern vor dem Verkauf von Verunreinigungen befreit.
demi-élève: Halbwuchsauster, cirka 20 bis 30 g

eastern oyster: siehe Amerikanische Auster
elektrisches Austernmesser: die Austern werden mit einer Art Ultraschall aufgebrochen.
Europäische Auster (Ostrea edulis): flache, gerundete Auster. Sie wird zwischen fünf und zwölf Zentimeter groß. Wird in Europa gezüchtet.
Felsenauster: siehe Pazifische Auster

GLOSSAR UND WARENKUNDE

Fortpflanzung: in der Kiemenhöhle des Weibchens der Ostrea-Arten werden die Eier befruchtet. Nach 7 bis 14 Tagen werden die Larven ins freie Wasser entlassen. Crassostrea-Arten stoßen ihre Gameten ins freie Wasser ab, wo die Befruchtung stattfindet. Austern entfalten sich am besten in Gewässern, deren Salzgehalt durch den Zufluß von Süßwasser herabgesetzt wurde.

Friesen Auster (Crassostrea gigas): tiefe Auster, Pazifische Auster, Nord- und Ostseeküste

Frischetest: beim Verzehr muß die Auster noch leben. Tote Austern sind verdorben und nicht mehr zum Verzehr geeignet. Es gibt zwei Tests, mit denen man die Frische der Auster prüfen kann: Man kann die Auster mit der Gabel am Bart berühren, lebt sie, dann zuckt sie zusammen. Oder man beträufelt sie mit einigen Spritzern Zitronensaft, was denselben Reflex hervorruft.

Fuß: die Austernlarven bilden einen sogenannten Fuß, der mit Klebedrüsen versehen ist. Damit können sie sich an den Brutsammlern (collecteurs) festkleben. Der Fuß bildet sich bei der erwachsenen Auster wieder zurück.

Galway Austern (Crassostrea gigas): tiefe Auster, auch Irische Auster, nach dem irischen Städtchen Galway benannt (Ursprungsbezeichnung)

Galways: siehe Galway Austern

Garum: Spezialsauce, die von Griechen und Römern zu Austern gereicht wurde

Geißeltierchen: Geißelalgen, einzellige Algen, die vor allem in Irland als Nahrung für die jungen Austern gezüchtet werden.

Gekalkte Dachziegel: siehe Römische Ziegel

Gezeitenzone: Gebietsstreifen, in dem Ebbe und Flut wirksam werden

Gravettes (Ostrea edulis): flache Auster, stammt aus der Gegend von Arcachon, Frankreich (Ursprungsbezeichnung)

Gütevermerk: beim Verkauf der Austern muß auf dem Verpackungsmaterial das Abpackdatum vermerkt werden.

Hängekultur: Zuchtmethode in Japan. Die Austern wachsen an vertikal im Wasser hängenden Drähten oder Leinen.

Hangtown Fry: Austernomelett, benannt nach der gleichnamigen Goldgräberstadt in Kalifornien

Helford (Ostrea edulis): flache Auster, in England an der Themsemündung beheimatet (Ursprungsbezeichnung)

Hiroshima Auster (Crassostrea gigas): tiefe Auster, Pazifische Auster, Japan

Hokkaido Auster (Crassostrea gigas): tiefe Auster, Pazifische Auster, Japan

Huîtres creuses du Pacific: siehe Pazifische Auster

Huîtres creuses: siehe Portugiesische Auster, Pazifische Auster

Huîtres de parc: siehe Parkaustern

Imperiales (Ostrea edulis): aus den Niederlanden stammende flache Austern

Irische Auster: siehe Galway Austern

Kent Islands (Crassostrea virginica): tiefe Auster, Amerikanische Auster, wird bei Kent Islands gezüchtet

Kiemen: sie befinden sich in der Mantelhöhle. Mit ihnen atmet und ernährt sich die Auster.

Klasser: Austernmesser aus Frankreich mit kurzer Klinge und scharfer Schneide zum Durchtrennen des Schließmuskels

Kohlenhydrate: die Auster enthält viele Kohlenhydrate, darunter Glykogen, das

GLOSSAR UND WARENKUNDE

im menschlichen Körper in der Leber und in den Muskeln als Energiereserve angelegt und bei Bedarf zu Glucose abgebaut wird.
Kollektoren: siehe Brutsammler
Kumamato Auster (Crassostrea gigas): tiefe Auster, Pazifische Felsenauster, Japan

Larven: erstes Entwicklungsstadium der Austern nach der Eiablage
Limfjords (Ostrea edulis): flache Auster, stammt aus dem gleichnamigen Fjord aus Dänemark (Ursprungsbezeichnung)

Mantel: Hautfalte, die das Tier einhüllt
Marennes (Ostrea edulis): flache Auster, nach der französischen Stadt Marennes in der Charente-Maritime benannt (Ursprungsbezeichnung)
Marktgröße: nach zwei- bis fünfjähriger Reifezeit haben die Austern Marktgröße. Sie werden in verschiedene Gewichtsklassen eingeteilt und verschickt
Maschenhauben (poches): netzartige Taschen, in denen die etwa zwölf Monate alten Austernsetzlinge in die Gezeitenzone gebracht werden
milchig: Zustand der Austern während der Fortpflanzungsphase
Miyagi-Auster (Crassostrea gigas): tiefe Auster, Pazifische Auster aus Japan, marktführend
Mollusken: biologischer Sammelbegriff für Weichtiere (Muscheln, Schnecken)

native oyster: siehe western oyster
navicula ostrea: siehe Blaue Navicula

Oostendes (Ostrea edulis): flache Austernart aus Belgien (Ursprungsbezeichnung)
Ostrea edulis: flache Auster, auch Europäische Auster, hauptsächlich in Europa heimisch, als Zuchtauster auch in Nordamerika
Ostrea lurida: siehe western oyster
ouvre-huître: Gerät mit einem Dorn zum Öffnen der Auster und einem herausklappbaren Messer zum Durchtrennen des Schließmuskels
Oyster Bar: berühmte Bar in New York und Boston

Papillen: sie befinden sich auf dem Mantel der Auster. Die Papillen funktionieren wie kleine Sensoren: berührt man sie, zuckt die Auster zusammen.
Parkaustern: Austern, die sofort aus den Parks auf den Markt kommen. Sie sind etwas preiswerter als die Austern, die in den Veredelungsparks weiter wachsen dürfen.
Pazifische Auster (Crassostrea gigas): aus dem pazifischen Raum eingeführte tiefe Austernart
Pearl: Austernkönigin beim Oyster Festival in Galway
Pectenschalen: Muschelschalen aus der Familie der Jacobsmuscheln, die vor allem in Japan zu Austernzucht verwendet werden
Perlmuscheln (Pinctada fucata): Süßwassermuscheln die z.B. Biwa-Perlen produzieren
Plankton: im Wasser schwebende, oft mikroskopisch kleine Lebewesen, dienen den Austern als Nahrung
poches: siehe Maschenhauben
Portugiesische Auster (Crassostrea angulata, tiefe Auster): aus Portugal eingeführte tiefe Austernsorte

GLOSSAR UND WARENKUNDE

Quick-Sayonara-Oyster: Fast-food-Produkt aus Japan. Dafür wird die gefrorene Auster in Wasser getaucht, d.h. glasiert, in Mehl gewendet, durch ein Teigbad gezogen und paniert. Die panierten Austern kommen tiefgefroren auf den Markt.

Reifezeit: die Reifezeit der Austern dauert etwa zwei bis fünf Jahre, dann haben sie Marktreife erlangt
Reinigen der Austern: Die Austern werden mit Arbeitshandschuhen von Algen und Schmarotzern befreit, man nennt das auch Schlagen
Reproduktion: siehe Fortpflanzung
Reservebecken: 1. Rückhaltebecken zur Wasserversorgung der Austern
2. Becken zum Lagern von verkaufsfertigen Austern
Römische Ziegel: werden vor allem in der Südbretagne zur Austernzucht verwendet. Zehn bis zwölf Ziegel werden zu einem „Strauß" (le bouquet) auf Pflöcke montiert, in Kalk-Milch getaucht und getrocknet. Die Austernsetzlinge werden auf diese Ziegel gesetzt und verbleiben dort etwa acht bis zehn Monate.

Saataustern: junge Austernsetzlinge für die Austernzucht
Sammler: siehe Brutsammler
Schlagen: befreien der Austern von Schmarotzern und Algenbewuchs
Schließmuskel: sorgt dafür, daß sich die Austernschalen bei Ebbe oder Gefahren schließen, verhindert das Eindringen von Fremdkörpern
Seestern: natürlicher Feind der Auster
Spat: so werden die jungen Austern im Englischen genannt, sie sind 0,3 bis 20 mm groß
Strauß: siehe Römische Ziegel
Streicheisen: wurden früher für den Austernfang verwendet. Sie wurden von Segelbooten über den Meeresboden gezogen. Dies hatte zur Folge, daß der Neuansatz von Jungtieren immer wieder gestört wurde und die Austernfischerei 1882 eingestellt werden mußte
Sylter Royal (Crassostrea gigas): tiefe Auster, Felsenauster, die speziell auf der Insel Sylt produziert wird

tubes: 1. Rohrleitungen zur Wasserversorgung der Zuchtbecken
2. ein Kollektorentyp zur Aufzucht von Austernlarven

Unterkühlung: frische Austern werden auf Eis serviert. Damit sie aber nicht unterkühlt werden, legt man auf das Eis ein Schicht Algen.

Veredelung: nachdem die Austern bereits Marktgröße erlangt haben, werden sie aus den Zuchtparks genommen und in sogenannten Veredelungsparks weiter gemästet. Nach etwa einem Monat dürfen sie die Bezeichnung Fines de Claires oder Label Rouge führen, nach etwa zwei Monaten Spéciales de Claires.
Veredelung mit Aufstockung (en surélévation): genetische Auffrischung der Austernzucht durch Einsetzen fremder Austern
Veredelungsparks: siehe Veredelung
Vivarien: Bassins, in denen die Austern in Restaurants gehalten werden
western oyster (Ostrea lurida): flache Auster, die an der Westküste der USA gezüchtet wird (Ursprungsbezeichnung)
Whitstables (Ostrea edulis): flache Auster, in England an der Themsemündung beheimatet (Ursprungsbezeichnung)

GLOSSAR UND WARENKUNDE

Zeelandes: siehe Imperiales

Zuchtbank: Gebiete in der Gezeitenzone, in denen die Austern auf den Boden gelegt werden. Der Boden muß regelmäßig gereinigt, geebnet und mit Sand und Splitt aufgeschüttet werden.

Zuchttische: sie werden vor allem in der Bucht von Thau für die Zucht der Bouzigues verwendet. Sie bestehen aus zusammengebundenen Planken und Stangen, an denen Netze, Holzstäbe und Eisenstangen befestigt sind. Auf ihnen wachsen die Austern

Zwei-Sommer-Austern: Austern, die in Japan zwei Jahre lang an Flößen bleiben

Küchentips und -begriffe

ansteifen: die Austern im eigenen Saft nur kurz garen, bis sie steif werden
Aromaten: alles, was als würzende Zutat verwendet wird: Gewürze, Kräuter, Wurzelgemüse etc.
aufmixen: eine Flüssigkeit mit dem Pürierstab oder im Mixer aufschlagen
aufschlagen: eine Flüssigkeit schaumig rühren. Manchmal wird dabei kalte Butter mit den Schneebesen des Handrührgerätes oder mit dem Pürierstab eingerührt. Man nennt diesen Vorgang auch montieren.
Austernwasser: das Wasser, das sich in der Auster befindet. Es sollte beim Öffnen möglichst nicht verschüttet werden.

Bart: der äußere Mantelrand der Auster, der bei manchen Zubereitungsarten entfernt wird
Belon Austern: französische Austernsorte, nach dem Fluß Belon benannt
Beurre blanc: Mischung aus Butter, mildem Essig, Wein und feingehackten Schalotten
blanchieren: in kochendem Wasser abbrühen
Brunoise: in sehr feine Würfel geschnittenes Gemüse oder andere Zutaten

Cassoulet: französische Bezeichnung für Eintopf
Consommé (ersatzweise Rinderfond aus dem Glas nehmen): kräftige, klare Fleischbrühe. Rindfleisch durch den Fleischwolf drehen und mit Eiweiß mischen. Wurzelgemüse (Möhre, Lauch, Sellerie, Petersilienwurzel, Zwiebel) waschen, putzen und kleinschneiden. Zusammen mit dem Fleisch in einen Topf geben. Entfettete Rinderbrühe angießen. Alles langsam erhitzen und bei schwacher Hitze zugedeckt etwa 2 Stunden köcheln lassen. Dabei immer wieder den aufsteigenden Schaum abschöpfen. Die Consommé durch ein feines Sieb oder ein Tuch seihen und würzen. Erkalten lassen und das Fett abschöpfen. Das Verhältnis von Fleisch und Brühe sollte 1:5 sein.
Croûtons: geröstete Weißbrotscheiben

dunkler Kalbsschwanzfond (ersatzweise Kalbsfond aus dem Glas verwenden): Kalbsschwanz in Stücke schneiden. Wurzelgemüse (Möhre, Lauch, Petersilienwurzel, Sellerie, Zwiebel) waschen, putzen und kleinschneiden. Das Gemüse und den Kalbsschwanz in etwas Butter anrösten, mit Rotwein ablöschen. 1 Glas Kalbsfond angießen und alles 1-2 Stunden zugedeckt bei schwacher Hitze schmoren lassen. Den Kalbsschwanzfond passieren.

Essenz: stark eingekochter Sud oder Fond

Felsenaustern: Pazifische Felsenaustern (z.B. Creuses de Cancale, Galway Austern)
filieren (auch filetieren): die Filets heraustrennen (bei Zitrusfrüchten: die Filets aus den Häuten lösen)
Fines de Claires Austern: veredelte Austernsorte aus Frankreich
Fischfarce: 200 g Fischfleisch (Steinbutt, Lachs, Seezunge) fein kuttern oder im Mixer pürieren. Nach und nach 200 g Sahne unterrühren und kuttern oder pürieren. 1 Ei dazugeben. Alles verrühren und mit Salz, Cayennepfeffer, Zitronensaft und Noilly Prat abschmecken.

KÜCHENTIPS UND -BEGRIFFE

Fischfond (ersatzweise Fischfond aus dem Glas verwenden): Helles Wurzelgemüse (Lauch, Sellerie, Zwiebel) waschen, putzen und kleinschneiden. Mit etwa 500 g Fischkarkassen (Steinbutt, Seezunge, Seeteufel) in etwas Butter angehen lassen. Mit Weißwein, Noilly Prat und Wasser auffüllen, bis die Karkassen bedeckt sind. Je 1 Dill-, Petersilien- und Thymianzweig, 1 Zitrone ohne Schale, Pfefferkörner, Lorbeerblatt und 1 Knoblauchzehe dazugeben. Alles aufkochen lassen und bei schwacher Hitze etwa 20 Minuten ziehen lassen. Den Fischfond durch ein Tuch passieren.

Fischsauce (ergibt etwa 1 l): 4 feingehackte Schalotten mit 1 l Fischfond und 40 ml Weißwein aufkochen lassen, die Flüssigkeit um die Hälfte reduzieren. Mit 500 g Sahne oder Crème double auffüllen, mit Noilly Prat, Sherry, Zitronensaft und Salz abschmecken und durch ein Sieb passieren.

Fleurons: kleines Blätterteiggebäck in Halbmondform

Fumet: siehe Essenz

Galway Auster: aus Irland stammende Auster

Geflügelfond (ersatzweise Geflügelfond aus dem Glas verwenden): Wurzelgemüse (Möhre, Lauch, Sellerie, Petersilienwurzel, Zwiebel) waschen, putzen, kleinschneiden und in einen Topf geben. Kleingehackte Kalbsknochen und Hühnerklein dazugeben. Alles mit Wasser bedecken und aufkochen lassen. Mit Salz würzen. Den aufsteigenden Schaum immer wieder abschöpfen. Alles 1-2 Stunden zugedeckt bei schwacher Hitze köcheln lassen. Den Geflügelfond durch ein feines Sieb gießen, erkalten lassen und das Fett abschöpfen

geklärte Butter: zerlassene Butter abschäumen und vom Bodensatz lösen

geklärter Fischfond (ersatzweise Fischfond aus dem Glas verwenden): Helles Wurzelgemüse (Sellerie, Lauch, Zwiebel) waschen, putzen und kleinschneiden. Mit hellen Fischkarkassen (kein Hecht!) in einen Topf geben. Mit Wasser bedecken. Alles bei schwacher Hitze etwa 30 Minuten köcheln lassen, dann abpassieren und erkalten lassen. Weiße Fischabschnitte pürieren und mit Eiweiß mischen. Helles Wurzelgemüse (Lauch, Sellerie, Zwiebel) waschen, putzen und kleinschneiden. Das Fischfleisch, die Fischbrühe und das Gemüse kalt ansetzen und langsam unter ständigem Rühren aufkochen. Bei schwacher Hitze leicht köcheln lassen. Abpassieren und den klaren Fischfond mit Salz und Pfeffer würzen.

Gemüsefond (ersatzweise Gemüsefond aus dem Glas verwenden): Reichlich Wurzelgemüse (Möhren, Lauch, Sellerie, Zwiebel) waschen, putzen und kleinschneiden. In einen Topf geben und mit Wasser bedecken. Alles bei schwacher Hitze etwa 1 Stunde köcheln lassen. Den Gemüsefond passieren und mit Salz und Pfeffer würzen.

glacieren (auch glasieren): Speisen überglänzen mit dem eigenen Saft, mit Butter, Fleischextrakt Gelee oder Zucker

heißrühren: etwas erhitzen, aber nicht kochen lassen

heißschwenken: etwas ohne Kochen durch Schwenken erwärmen

heller Kalbsfond (ersatzweise Kalbsfond aus dem Glas verwenden): 500 g Kalbsfleisch und reichlich Kalbsknochen mit Lauch, Möhren, Sellerie, Petersilienwurzel, Lorbeerblatt, Salz und Pfeffer in einen Topf geben. 1 l kaltes Wasser angießen. Alles aufkochen und etwa 1 Stunde zugedeckt knapp unter dem Siedepunkt ziehen lassen. Die Kalbfleischbrühe abschäumen, abseihen und erkalten lassen. Das Fett abschöpfen. Die Brühe erneut aufkochen und etwa auf die Hälfte reduzieren. Abschmecken.

KÜCHENTIPS UND -BEGRIFFE

Imperial Austern: in den Niederlanden gezüchtete Austernsorte
Irische Wildaustern: aus Irland stammende Austernsorte

Julienne: sehr feine Streifen von Gemüse oder anderen Zutaten. Julienne werden häufig als Einlage, aber auch als Beilage verwendet
Jus: Fond, der aus Wild-, Lamm-, Schweine-, Kalbs- oder Geflügelknochen hergestellt wird. Basis für Saucen

Kalbsfond (siehe heller Kalbsfond)
Kaninchenfond: ersatzweise Kalbsfond aus dem Glas verwenden
Kapuzinerkresse: schmeckt hervorragend im Salat. Ihre kapuzenförmigen Blüten können als Knospen anstelle von Kapern verwendet werden. Aufgeblüht sind sie eine hübsche Dekoration
klarer Fischfond: siehe geklärter Fischfond
Krebsnasen: Körperpanzer der Krebse mit den Innereien
kuttern: sehr fein pürieren

mehlieren: mit Mehl bestäuben oder in Mehl wenden
Mie de pain: frisch geriebenes, entrindetes Weißbrot
montieren: eine Sauce oder Suppe mit kalter Butter aufschlagen

Nage: reduzierte Flüssigkeit
nappieren: eine Speise mit einer dicklichen Flüssigkeit überziehen, übergießen
Noilly Prat: französischer Wermut

Passe Pierre (Meeresbohnen, Haricots verts de mer): eine Algenart
passieren: eine Flüssigkeit durch ein feines Sieb oder ein Tuch seihen oder streichen
plattieren: Fleisch- oder Fischfilets mit dem Handrücken flach drücken und anschließend vom Rand her stauchen
pochieren: eine Speise in Flüssigkeit bei geringer Hitze garziehen lassen

reduzieren: eine Flüssigkeit einkochen

Salamander: Gerät zum Überbacken von Speisen
sautieren: bei starker Hitze anbraten
Sevruga Kaviar: Laich einer kleinen Störart, die vor allem im Schwarzen und Kaspischen Meer beheimatet ist
Sylter Royal Auster: von der Nordseeküste stammende Auster

Timbaleförmchen: kleine, feuerfeste Porzellannäpfchen
Tomatenconcassée: geschmolzene Tomaten. Dafür die Tomaten häuten, entkernen und feinhacken. Die Tomatenwürfel in etwas Butter oder Öl schmelzen und mit Salz und Pfeffer würzen.
tournieren: in Form schneiden
trocken reduzieren: die Flüssigkeit fast ganz einkochen lassen

Wan-Tan-Teig: Nudelteigähnlicher Teig aus Mehl und Eiern. Teigplatten im Feinkosthandel und in Chinageschäften erhältlich.

Zestenreißer: Gerät zum Abhobeln der Schale von Zitrusfrüchten

Rezeptregister

Austern-Auflauf (Huîtres soufflées)	Seite 52
Austern auf Mi-Gelée mit Champagner und Kaviar	Seite 154
Austern-Champagner-Suppe	Seite 200
Austern im Maisteig auf dreierlei Paprikasaucen mit gebackenen Gemüse	Seite 188
Austern im Reisblatt mit rotem Mangold und gefüllten Zucchiniröllchen	Seite 164
Austern in Meerwasser Gelée (Huîtres en Gelée)	Seite 54
Austern in Speck gebraten mit zweierlei Steckrübenpüree und Jus von geschmortem Kalbsschwanz	Seite 174
Austern mit Lachsmus im Mangoldblatt aus dem Ofen	Seite 182
Austern mit Aromaten in Blätterteig	Seite 153
Austern mit Zitrusfrüchten und Koriander	Seite 152
Austern nach Piccata Art mit Chesterkäse, Brokkoligemüse und Tomatencoulis	Seite 180
Austernparfait mit marinierten Sommergemüsen	Seite 191
Austernragout in Safransauce	Seite 170
Austernragout unter der Blätterteighaube	Seite 161
Austern Rockefeller	Seite 103
Austernroulade mit Bachsaibling gebraten auf Sellerie-Tomaten-Gemüse	Seite 160
Austernstrudel auf jungem Spitzkraut mit Champagner-Kaviar-Sauce	Seite 184
Austernspieß mit Sesam gebraten auf Spargel-Wildreis-Risotto und Curry-Nage	Seite 159
Austerntöpfchen mit Ingwer und Limonensauce	Seite 82
Austern und Kaviar im Pumpernickel-Gelée-Mantel mit Champagnervinaigrette	Seite 194
Badische Brennesselsuppe mit gebackenen Austern	Seite 179
Belon Austern in Kopfsalat mit Erbsenpüree, fritierten Kartoffelravioli und Speckjus	Seite 175
Belon Austern in der Schale mit Lemonenschaum gratiniert	Seite 185
Cassoulet von Austern und Krebsen mit kleinen Gemüsen in eigener Sauce	Seite 157
Eintopf von Waller, Lachsforelle und Austern	Seite 170
Fines de Claires Austern in Kartoffelkruste gebacken auf Meeresbohnen und Schnittlauchbutter	Seite 189
Fritierte Austern Villeroi (Huîtres à la Villeroi)	Seite 53
Galway Auster im Filderkraut gebacken auf Linsen-Speck-Schaum	Seite 166
Garnelen und Austern mit weißem Spargel im Maisblatt gebacken auf Ratatouillegemüse	Seite 204

REZEPTREGISTER

Gebackene Austern auf kalter Currysauce mit Kapern	Seite 190
Gebackene Austern in Wan-Tan-Teig auf Paprika- vinaigrette und Kräutersalat	Seite 158
Gebackene Austern in Pernodbutter auf rahmigem Lauch	Seite 181
Gebackene Kalbsfiletscheiben mit Austerntatar gefüllt in Limette und rotem Thaicurry	Seite 196
Geeiste Kräuteressenz mit frischen Austern	Seite 201
Gemüsescharlotte mit Austern in Trüffel-Champagner- Schaum	Seite 197
Hamburger von frischen Austern	Seite 199
Hecht und Austern in Kartoffelteig auf Weißburgundersauce	Seite 178
Imperial Austern mit Burgunderbutter	Seite 163
Jacobsmuscheln und Austern in Schalottenvinaigrette	Seite 192
Kartoffel-Kresse-Püree mit Garnelenspießchen und gerösteten Austern in Paprikaöl	Seite 198
Kartoffel-Lauch-Salat mit Austern und Paprikavinaigrette	Seite 156
Kartoffelnocken mit Sylter Royal Austern in Lauchbutter mit gebratenen Artischocken	Seite 168
Maultaschen von Lachs und Austern auf Krebsragout mit Gurken	Seite 176
Meeresfrüchteplatte	Seite 121
Paella von verschiedenen Austern und Kaninchen	Seite 183
Parfait von Räucherfisch und Austern	Seite 202
Ragout von Austern und Krebsschwänzen in Champagner	Seite 193
Rote-Bete-Suppe mit Austern und Kaviar	Seite 172
Sauerkrautsuppe mit gebratenen Sylter Royal Austern, geröstetem Kraut und Kartoffelcroûtons	Seite 173
Tatar von Austern mit Koriander und Hummeröl mariniert, auf Salat von jungem Spinat	Seite 195
Tatar von Austern und Lachs auf Reibeküchlein mit kleinem Salat	Seite 155
Tellersülze von Felsenaustern mit Meeresbohnen und Kaviarschmand	Seite 186
Überbackene Austern mit Nordseegarnelen	Seite 55
Überbackene Sylter Royal Austern mit Curry	Seite 162
Wirsingwickel mit Flußzander, Saibling und Austern im Wurzelsud	Seite 203

Stichwortverzeichnis

abhärten 208
Abhärtung 94 f.
After 111 f.
Algenfütterung 86, 208
Algenkultur 84 f.
american cupped oyster 102, 208
Amerikanische Auster
  (Crassostrea virginica) 102, 134, 208
Aminosäuren 208
Amrum 59
Ansatz 96
ansteifen 214
Apalachicola 135, 208
Aphrodisiakum 119, 208
Apicius 131
Arbeitshandschuhe 35, 208
Arcachon-Aquitaine 14, 44
Arcachon Austern 44
Ariake 94
Aromaten 214
atlantic oyster 102, 208
Aufhängemethode an Leinen 46
aufmixen 214
aufschlagen 214
Austernarten 208
Austernerlaß 59, 109, 208
Austernernte 33, 41, 73, 97
Austernfang-Pacht 59
Austerngattungen 142
Austerngedeck 130
Austerngenuß 208
Austerngeschlecht 208
Austerngrößen 140 f.
Austernguillotine 126 f., 208
Austernkultur, amerikanische 102
Austernmesser 124, 126, 208
Austernmesser, elektrisches 126
Austernpark 22, 32, 63, 208
Austernplatte 129
Austernsaison 120
Austernsetzlinge 28, 37, 208
Austernüberwinterungs-
  anlage 64, 90, 208
Austernwasser 214
Austernzange 127, 208
Austernzuchtparks 109, 142
Austern aufbewahren 43, 131
Austern schlürfen 128

Austern servieren 129

bancs reproducteurs
  (Zuchtbänke) 28, 209
Bart 214
Bassin de Thau 46
Batch culture 86, 209
Befruchtung 84
Belon 135 f., 138, 142
Belons 23, 26 f., 209, 214
Beurre blanc 214
Bienenkörbe 44
Bivalven 209
blanchieren 214
Blaue Navicula (Navicula ostrea) 209
Blue Points 102, 135, 209
Blutgefäße 112
Board of Gaelic speaking areas 74
Bourgneuf 34, 35, 43
bouquet (Strauß) 28, 211
Bouzigue 46, 136, 209
Bretagne 14, 17
Brunoise 214
Brutaustern 61
Brutfall 96
Brutfang 94, 95, 209
Brutsammler (collecteurs) 35, 209
Bundesforschungsanstalt für
  Fischerei 63

Cancale 19, 22 f.,
Cancale Austern 18, 209
Cape Cods 102, 135, 209
Carlingford Lough 74
Casanova 119
Cassoulet 214
Centre Ouest 14, 32
Charente 38
Château de Belon 26 f.
Chesapeake-Bay 102
Chincoteagues 102, 135, 209
Claires 38, 41, 133, 142, 209
Colchester 89 f.
Colchester 91, 135 f., 138, 209
collecteurs (Brutsammler) 33, 36, 209
Consommé 214
Cork 73
Côtes bleues 209

REGISTER

Cottage Loft, Kinsale 82
Crassostrea angulata (Portugiesische Auster) 32, 132, 139. 145, 209
Crassostrea edulis (Europäische Auster) 137 f.
Crassostrea gigas (Pazifische Auster) 32, 134, 137, 139, 142, 145, 209
Crassostrea virginica (Amerikanische Auster) 102, 134, 208 f.
Creuses 209
Creuses de Cancale 23, 209
Croûtons 214

Darm 111 f.
dégorgeoirs 40, 209
demi-élève 209
Distanzröhrchen 94, 96
Dittmeyer's Austern Compagnie 64
Donegal 75
Dungravan Bay 74
dunkler Kalbsschwanzfond 214

eastern oyster 102, 209
Eisengehalt 117
Entwicklungsschema der Austern 51
en surélevation (Veredelung mit Aufstockung) 16
erwachsene Austern, Fütterung 83
Essenz 214
Europäische Auster (Ostrea edulis) 135, 138, 142, 209

FEDGA 74
Felsenauster 210, 214
filieren 214
filières 46
Fines de Claires 38, 39, 133, 139, 214
Fines de Zeelande 144
Fischfarce 214
Fischfond 215
Fischsauce 215
Fisherin Board (BIM) 74
flache Auster (Ostrea lurida) 23, 102, 135 ff.
flache Auster, Klassifizierung 140
flat oyster 135 ff.
Fleurons 215
Flöße 94 ff.
Föhr 59
Fortpflanzung 83, 116, 143, 210
Friedrich Wilhelm, Preußenkönig 109

Friesen Auster 143, 210
Frischetest 119, 131, 210
Frischhaltebecken 43
Fumet 215
Fuß 36, 84, 112, 210

Galway 68 f., 138
Galways 136, 210, 215
garum 108, 210
Geflügelfond 215
gehärtet 96
Geißeltierchen 84, 210
gekalkte Dachziegel 36, 62, 210
geklärte Butter 215
geklärter Fischfond 215
Gemüsefond 215
Gezeitenzone 210
glacieren 215
Glycogen 116
Goeree 144
Golfküste 102
Gravettes 44, 136, 210
Größe 41
Größenbezeichnungen, amerikanische 141
Größenbezeichnungen, europäische 140 f.
Größennormen, französische 41 f.
Grüne Auster 136
Gütevermerk 118, 210

halbwüchsige Austern 33, 36
Hamburger Forschungsanstalt für Fischerei 64
Hängekultur 95, 100, 210
Hangtown Fry 100 f., 210
Harrods, London 88
heißrühren 215
heißschwenken 215
Helford 89, 136, 210
heller Kalbsfond 215
Herz 111 f.
Hiroshima 94
Hiroshima Auster 134, 210
Hiroshima Bay 94
Hokkaido Auster 134, 210
Hörnum 59
Huîtres creuses du Pacific 32, 210
Huîtres de parc (Parkaustern) 38, 133, 210
huître plate 135 ff

REGISTER

Idealgröße der Auster 70
Ile de Ré 14, 32
Imperiales 136, 138, 144, 210
Imperial Austern 216
Imperial, Größenstaffelung 140
Institut Scientifique et Technique
　de Pêche Maritime 39
Irische Auster 69, 139, 210
Irische Auster, Hauptzuchtgebiete 74
Irische Wildaustern 216
Ischinomaki 94

Jacobsmuschelschalen 37, 95
Julienne 216
junge Austern 36
junge Austern, Fütterung 84
Jus 216

Kalbsfond 216
Kampen 58
Kaninchenfond 216
Kapuzinerkresse 216
Keitum 59
Kent Islands 135, 210
Kiemen 111 f., 210
klarer Fischfond 216
Klasser 210
Kohlenhydrate 211
Kollektoren 51, 211
Kollektorendrähte 94, 95 f.
Königlich Preußische
　Austernfischerei 61
Krebsnasen 216
Kumamato Auster 134, 211
kuttern 216

Label Rouge 38
Laich 83
Langleinen 94, 97 f.
Larven 35, 36, 78, 84, 112, 143, 211
Leber 111
Legezeit 35
Limfjords 136, 211
Limfjord Austern 145
List 58 ff., 62 ff., 65
Londoner Austernmuseum 126
Ludwig XIV., Sonnenkönig 108
Ludwig XV., König 109

Magen 111
Mantelrand 36

Mantel 111 f., 211
Mantelhöhle 112
Marennes-Oléron 14, 34, 38
Marennes 40, 136, 211
Maria Theresia von Spanien 108
Marktgröße 38, 211
Maschenhauben (poches) 36 ff., 211
Matsuschima 94
Mayo 75
Mediterranée 14
mehlieren 216
Mehlwasser 216
Mer du Nord 14
Mie de pain 216
milchig 117, 211
Mistral 46
Miyagi Auster 134, 211
Mollusken 110, 211
Mont-Saint-Michel 19, 22
montieren 216
Mund 111

Nage 216
Nährstoffe der Auster 113
Napoléon Bonaparte 109
Napoléon III. 109
nappieren 216
native Oyster 102, 211
Navicula ostrea 38, 39, 211
Nero, Kaiser 108
Noilly Prat 216
Nordsee 143
Nordsee Auster 65
Normandie 14 f.
Norwegen 145

Öffnen von Austern 96
Ohno 94
Oostendes 136, 143, 211
Oosterschelde 144
Ostrea edulis (Europäische
　Auster) 89, 135, 142, 211
Ostrea lurida (Westamerikanische
　Auster) 102, 137, 211
ouvre huître 211, 126
Overton, London 88
Oyster-Festival 69
Oyster Bar 100, 211
Papillen 111 f., 211
Parkaustern (Huîtres de
　parc) 38 f., 211

REGISTER

Passe Pierre 216
passieren 216
Pazifische Auster (Crassostrea gigas)
  32, 64, 134, 139, 142, 145, 211
Pazifische Auster, Kategorien 141
Pazifische Auster, Zucht 75
Pearl 211
Pectenschalen 94, 96, 211
Perlmuscheln (Pinctada fucata) 211
Plankton 211
plattieren 216
poches (Maschenhauben)
  36 ff., 39, 211
pochieren 216
Portugiesische Auster (Crassostrea
  angulata) 32, 132, 139, 145, 212
Portugiesische Auster, Kategorien 141
Produktionshalle 64
prüfen 39

Quick-Sayonara-Oyster 97, 212

reduzieren 216
Reifezeit 212
Reinigen der Austern 35, 212
Reinigung der Taschen 71
Reproduktion 143, 212
Reservebecken 23, 212
Röm 59
Römische Ziegel 28, 44, 212
Rosscarbey 75

Saataustern 212
Salamander 216
Sammler 212
Scharnier 110 f.
Schlagen 37, 39, 212
Schließmuskel 110 f., 212
Schließmuskel durchtrennen 125
Schouwen 144
Seestern 65, 212
Setzlinge 94
Sevruga Kaviar 216
Sherkin Island 73, 75 f.
Sligo 75
Sortiermaschiene 42
Sortiertisch 71
Spats 84 f., 212
Spéciales de Claires 38, 39, 133
Sperma 83 f.
Spezialfahrzeug 62

Strauß (le bouquet) 28, 212
Streicheisen 58, 212
Sweetings, London 88
Sylt 58 f.
Sylter Auster 64
Sylter Royal 64 f., 139, 212
Sylter Royal Auster 216

Temperaturschock 83
tiefe Auster 132, 143
Timbaleförmchen 216
Tokio 94
Tomatenconcassée 216
tournieren 216
traditionelle Klassifizierung 141
Tramontane 46
trocken reduzieren 216
tubes 36, 212

Überwinterungsanlage 144
Unterkühlung 212

Veredelung 212
Veredelung mit Aufstockung
  (en surélevation) 16, 212
Veredelungspark 38, 212
Veredelungszentrum 34
Verpuppung 84
Vitamin A 117
Vitamin-C-Gehalt 117
Vitamin D 117
Vitellius, Kaiser 108
Vivarien 121, 212

Waschanlage 42
Waschen der Austern 73
Waschtrommel 42
Westamerikanische Auster
  (Ostrea lurida) 137
western oyster 102, 213
Whitstable 89
Whitstables 136, 213
Yerseke 144
Zeelandes 213
Zestenreißer 216
Zuchtbänke (bancs
  reproducteurs) 28, 213
Zuchttische 213
Zwei-Sommer-Austern 96, 213
Zwitter 86, 142

IMPRESSUM

Konzept und Realisation: Peter Frese (Hrsg.)
Text: Karin Aigner
Fotografie und Arrangements: Peter Frese
Food-Styling: Gerda Frese
Rezepte: Jeunes Restaurateurs d'Europe
Rezeptredaktion, Warenkunde und Küchentips: Claudia Daiber
Layout und Graphische Gestaltung:
Peter Frese, Gerda Frese, Axel Stiehler
Einbandgestaltung und Einbandfoto: Peter Frese, Tara Frese
Fotos Seite 124 / 125 und 138 / 139: Mat Madson
Reproduktionen: Repro-Technik Ruit GmbH
Gesamtherstellung: Mohndruck
Papier: Galerie Art Silk, holzfrei, dreifach gestrichen,
Papierfabrik Äänkoski, Metsä-Serla

Quellennachweis:

Yonge, C.M.: OYSTERS
The New Naturalist, Collins, St. James Place, London

Liebmann, H.L.: EFFECTS OF TEMPERATURE UPON THE STORAGE LIFE
OF FRESH SHUCKED PACIFIC OYSTERS (ostrea gigas)

Neudecker, Dr. Thomas, Bundesforschungsanstalt für Fischerei Hamburg:
JAPANISCHE PRAXIS- UND FORSCHUNGSORIENTIERTE
AUSTERNSTATIONEN

Lempert, Peter: AUSTERN
Econ Verlag

Frugier, Jacques: LES HUÎTRES, LES MOULES
Edition d'Ètrave

Murphy, Matt: FISHFARMING – THE OTHER SIDE
Sherkin Island Marine Station Co., Cork Irland

© Walter Hädecke Verlag, 1994

Nachdruck, auch auszugsweise, nur mit Genehmigung des Verlages. Alle Rechte vorbehalten, insbesondere die der Übersetzung, der Übertragung durch Bild- oder Tonträger, der Speicherung in Datensystemen, der Fotokopie oder Reproduktion durch andere Vervielfältigungssysteme, des Vortrags und der fotomechanischen Wiedergabe.

Printed in Germany 1994

ISBN 3-7750-0255-3

Dieses Buch hätte nicht entstehen können ohne die
freundliche Unterstützung von
Moët-Hennessy Deutschland GmbH
und den Mitgliedern der
„Jeunes Restaurateurs d'Europe".

Und an dieser Stelle geht auch mein Dank an die
vielen liebenswürdigen Austernfischer. Ganz besonders
in Frankreich an Jacques Joguet und Frau,
in Irland an Michael Barry und Frau Fihna,
Iarfhlaith Connellan (genannt Irla), Matt Murphy
(der Mann auf Sherkin Island)
und in Deutschland an
Dittmeyer's Austern-Compagnie.
Sie alle haben mir Auskünfte, Zeit und Eindrücke
gegeben, die mich motivierten, dieses Buch zu machen.
Mein besonderer Dank gilt
Dr. Thomas Neudecker und Dr. R. Meixner von
der Bundesforschungsanstalt für Fischerei, Hamburg,
beide stellten ihr Wissen und Material zur Verfügung.
Und nun zum Schluß ein Dankeschön an Sie, lieber
Ulrich Metzner, für Ihre freundliche Mithilfe, Ihr
Mitdenken und Ihre Anregungen.
Ich wünsche allen Lesern, ob Genießern, Reisenden
oder Strandpiraten viel Freude und Neuinformation.

Peter Frese